3
The Silhouette
PERMANENT DRESS
by atelier KEISUZUKI

스즈키 게이 지음
황선영 옮김 | 문수연 감수

이아소

모든 것은 3가지 기본 실루엣에서 탄생한다

웨딩드레스 디자이너로 화려한 경력을 쌓으면서 저는 줄곧 여성의 몸매가 돋보이는 아름다운 실루엣을 연출하기 위해 노력해왔습니다.
드레스는 입는 순간 자연스럽게 몸을 곧게 펴게 만들기도 하고, 또 어떤 작품은 자신감을 북돋아주는 등 매우 다양합니다.
'드레스를 입었던 그날'처럼 두고두고 두근거리게 만드는 옷을 만들어보고 싶다고 늘상 생각하던 차에 이번에 원피스를 디자인하게 되었습니다.
모쪼록 저의 마음이 많은 분에게 전해져서 좋아해주신다면 행복하겠습니다.

'나는 멋져, 훌륭해.'

여성은 일상의 소소한 계기나 삶의 다양한 이벤트를 통해 자기 긍정감을 쌓아가며 끊임없이 변화합니다.
자기 긍정감이 쌓일수록 마음속 보이지 않는 곳에 감춰져 있던 '긍지'가 자연스레 자태나 행동으로 표출됩니다.

그런 여성의 '자태'와 몸가짐을 이 책에서는 A, I, X라고 하는 3가지 실루엣으로 집약해 표현하였습니다.
'나는 멋있어'라는 긍정 마인드를 언제나 지지하는 수호자와 같은 존재가 되어줄 것이라 믿습니다.

모든 여성은 세상을 꽃피우는 존재

저는 매 순간 아름답게 살고 싶다는 여러분의 바람을 응원합니다.
여러분의 그런 바람이 자신과 주위를 밝히는 빛이 될 것입니다.
여러분이 거리의 멋진 풍경 속 주인공이 될 것입니다.

스즈키 게이

차 례
CONTENTS

A Line

P.8 A^1 A라인 무릎 길이 + 라운드넥 + 캡 슬리브 드레스 – *P.36*

P.9 A^2 A라인 무릎 길이 + 라운드넥 + 7부 길이 와이드 슬리브 드레스 – *P.42*

P.10 A^3 A라인 무릎 길이 + 보트넥 + 7부 길이 타이트 슬리브 드레스 – *P.44*

P.11 A^4 A라인 세미 롱 길이 + 라운드넥 + 5부 길이 플레어 슬리브 드레스 – *P.46*

P.12 A^5 A라인 무릎 길이 + V넥 + 3부 길이 플레어 슬리브 드레스 – *P.50*

P.13 A^6 A라인 무릎 길이 + 보트넥 + 7부 길이 타이트 슬리브 드레스 – *P.52*

I Line

P.16 I^1 I라인 무릎 아래 길이 + V넥 + 슬리브리스 드레스 – *P.56*

P.17 I^2 I라인 무릎 아래 길이 + 라운드넥 + 캡 슬리브 드레스 – *P.60*

P.18 I^3 I라인 무릎 아래 길이 + 라운드넥 + 7부 길이 와이드 슬리브 드레스 – *P.61*

P.19 I^4 I라인 무릎 아래 길이 + V넥 + 7부 길이 타이트 슬리브 드레스 – *P.62*

P.20 I^5 I라인 무릎 아래 길이 + 보트넥 + 7부 길이 와이드 슬리브 드레스 – *P.63*

P.21 I^6 I라인 무릎 아래 길이 + 보트넥 + 7부 길이 와이드 슬리브 드레스 – *P.66*

X _Line_

P.24 X¹ X라인 무릎 길이 + 보트넥 + 슬리브리스 드레스 – *P.68*

P.25 X² X라인 무릎 길이 + 라운드넥 + 캡 슬리브 드레스 – *P.69*

P.26 X³ X라인 무릎 길이 + V넥 + 캡 슬리브 드레스 – *P.70*

P.27 X⁴ X라인 미몰레 길이 + V넥 + 5부 길이 플레어 슬리브 드레스 – *P.71*

P.28 X⁵ X라인 무릎 길이 + 보트넥 + 7부 길이 와이드 슬리브 드레스 – *P.73*

P.29 X⁶ X라인 무릎 길이 + 보트넥 + 7부 길이 타이트 슬리브 드레스 – *P.75*

P.30 사용한 천

P.32 How to Make

P.76 A라인 안감 달기

P.78 I라인 안감 달기

P.79 X라인 안감 달기

A Line

Silhouette no.1

어깨에서 밑단까지 부드럽게 이어지는 플레어 A라인

어깨 주위를 간결하게 처리해
체형의 단점을 커버하는 한편,
화사한 느낌은 최대한 살린 실루엣이다.
얇은 천부터 중간 두께의 천까지
사용하는 원단에 따라 실루엣이 달라지므로
취향에 따라 스타일을 즐길 수 있다.

A¹

—

어깨를 살짝 덮은 깜찍한 캡 슬리브.
얕게 바싹 붙인 목선,
성숙하면서도 화려한 A라인,
꽃처럼 마음이 춤춘다.

— P.36 —

A²

7부 길이의 와이드 슬리브, 슬릿을 넣어 우아하게.
팔꿈치를 살짝 덮어주어 편안하게 느껴진다.
바람이 불 때마다 나풀나풀 자유로움이 스친다.

− *P.42* −

기분을 활동적으로 고양시키는 타이트 슬리브,
소매를 살짝 걷어 올려 마음에 살며시 시동을 걸어본다.
밑단까지 넓어지는 넉넉한 실루엣의 A라인.
쾌활하게, 즐겁게, 우아하게.

— P.44 —

A³

A⁴

—

느긋하고 여유로운
분위기를 연출하는 세미 롱.
넉넉한 소매, 원단을 풍성하게
사용해 길이감을 한껏 즐긴다.

— P.46 —

A⁵

적당한 여유와 플레어로
언제나 편안한 느낌을 준다.
풍만한 A라인에 단정한
V넥, 풍성한 플레어
반소매의 콤비네이션.
나를 가장 잘 표현해주는
멋진 옷.

- P.50 -

자신감을 채워주는
아름다운 보트넥과 타이트한 7부 소매의 조화.
허리를 벨트로 바짝 조여 분위기를
바꿔보는 것도 멋스럽다.

- P.52 -

A⁶

Line

Silhouette no.2

세로로 길고 날씬한 실루엣이 특징인 I 라인

허리를 살짝 조이면서 위치를 높게
설정해 다리가 더 길어 보이고
스타일리시하게 만들어주는 실루엣이다.
쿨하고 세련되게 커리어 우먼을 위한
스타일로 응용해 즐길 수 있다.

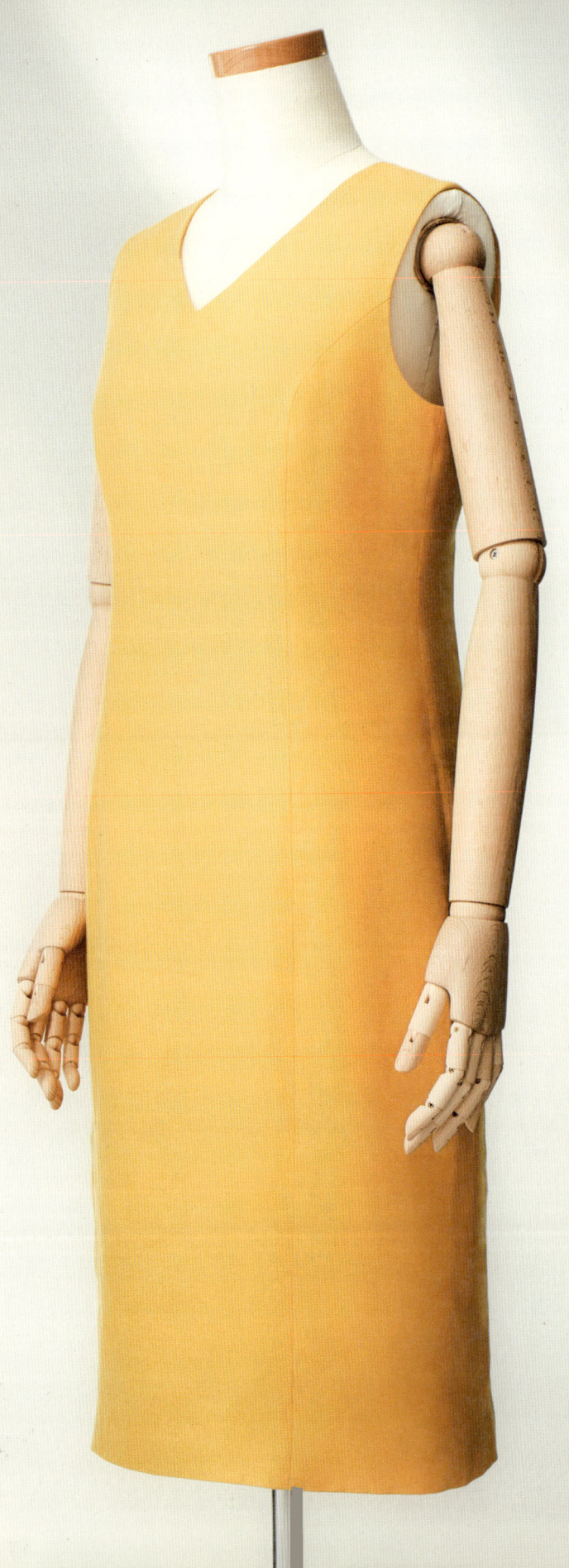

I¹

긴장감 있게 몸과 마음을 조여주는
스트레이트 라인과 V넥.
쇄골이 예쁘게 드러나는 네크라인이
디자인 포인트.

- P.56 -

I²

네크라인을 바싹 붙여
세련된 느낌으로.
캡 슬리브를 조합해
청초한 인상을 더했다.

− P.60 −

I³

강인함이 느껴지는 스트레이트
실루엣에 와이드 슬리브를
조합해 우아한 인상으로.
소맷부리 슬릿 사이로 살짝
엿보이는 팔꿈치가 섹시하다.

— P.61 —

I⁴

부드럽지만 단호한 결단을 내릴 때
용기를 북돋아주는 스타일.
하이힐을 신고 걷고 싶어지는 I라인.
타이트한 소매와 샤프한 V넥으로
격이 다른 성숙미를 연출한다.

– P.62 –

2색으로 만든 이음선이 디자인의 묘미.
옆 패널과 와이드한 소맷부리에 이음선을 넣어
한층 날씬한 느낌을 준다.

— P.63 —

I^5

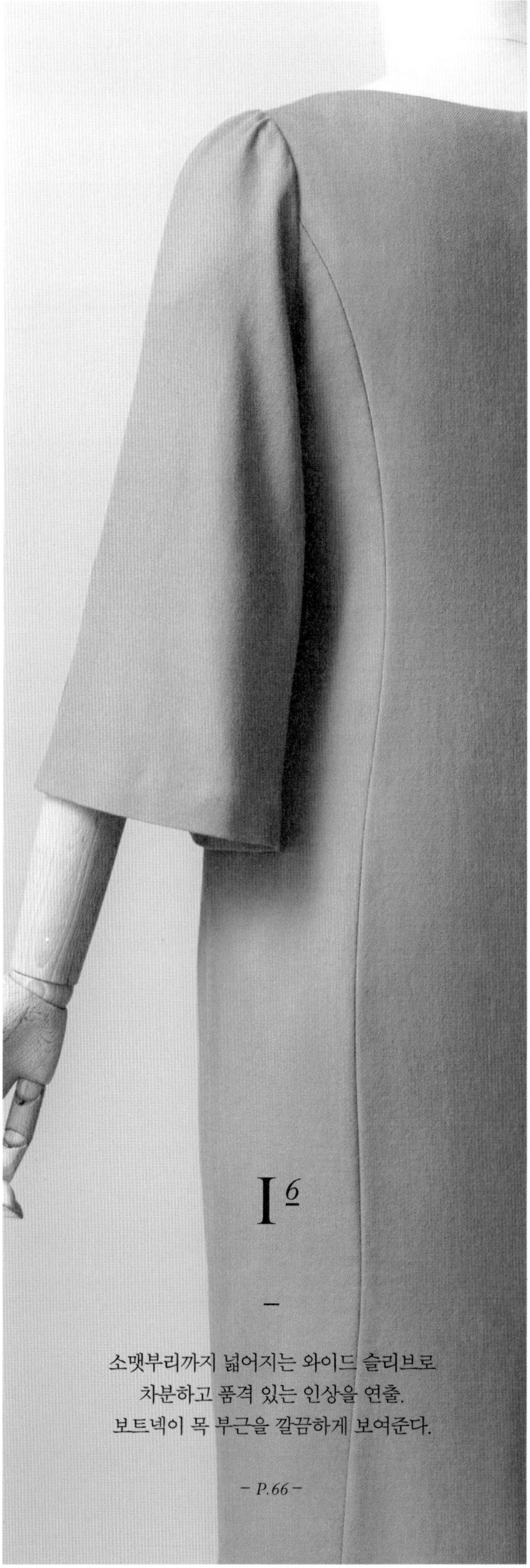

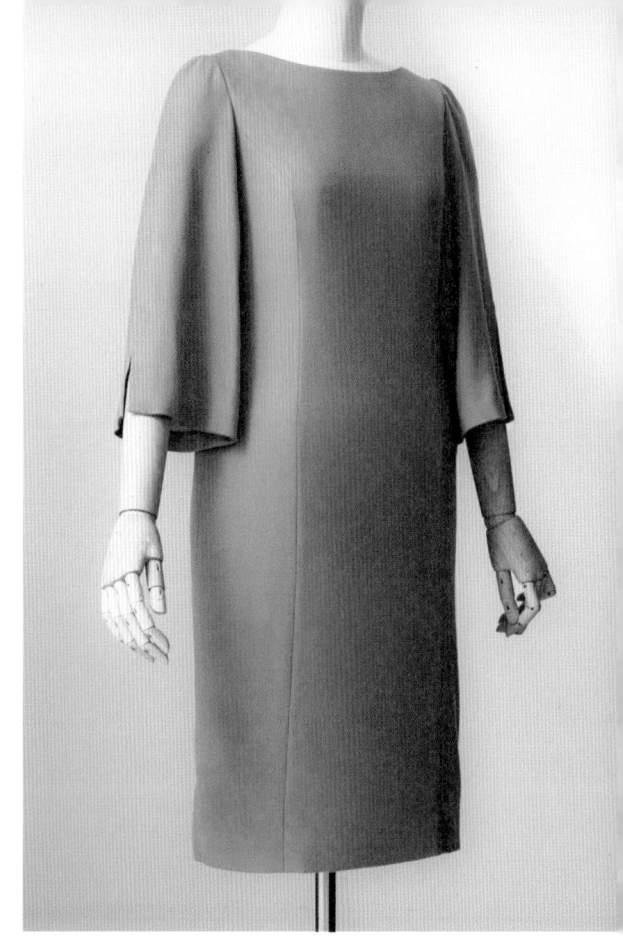
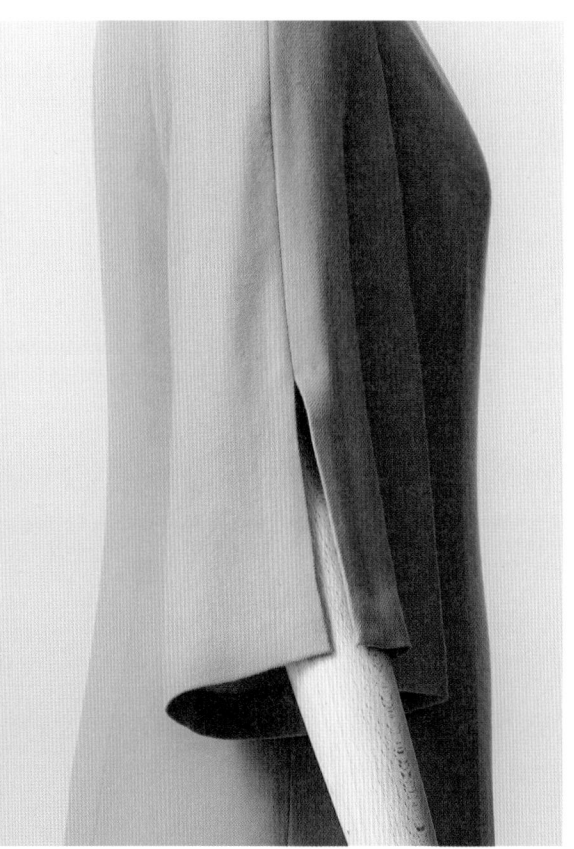

I⁶

—

소맷부리까지 넓어지는 와이드 슬리브로
차분하고 품격 있는 인상을 연출.
보트넥이 목 부근을 깔끔하게 보여준다.

– P.66 –

Line *Silhouette no.3*

허리에서 스커트 밑단까지 화려하게 플레어를 만드는 X라인

상반신은 간결하게, 높은 허리선에서
밑단까지 화려하게 플레어를 만들어
여성만의 아름다움과 우아함,
고상함이 충만하다.
가슴, 허리, 엉덩이 위치를 강조하는 밸런스로
성숙하면서도 깜찍함까지 가미한 귀여운
피트 & 플레어의 다양한 매력을 즐겨보자.

X$^{\underline{1}}$

—

어린 시절 동경하던 원피스를
새롭게 디자인해보았다.
알맞게 파인 보트넥과 가벼운 마 소재로
얌전한 분위기를 연출한다.

— P.68 —

X²

좁은 목둘레와 캡 슬리브,
여기에 날씬함을 강조한 이음선에
다른 패턴 천의 연출까지.
모두 실루엣을 강조해
여성스러움이 돋보인다.

– P.69 –

X^3

귀여움과 우아함이 특징인 X라인에
V넥을 매치하여 살짝 성숙한 분위기로 완성.
캡 슬리브와 조화가 절묘하다.

− P.70 −

미몰레(미디) 길이에 샤프한 V넥과
여유로운 플레어 소매의 조합.
편안하게 마음을 풀어주는 X라인 원피스.

− P.71 −

X⁴

X⁵

—

X라인을 한껏 즐기고 싶을 때는
장력이 있는 태피터 원단에
플레어 분량을 충분히 잡아
퍼지는 느낌을 강조해도 좋다.
팔꿈치를 가리는 소매길이로
성숙한 분위기를 즐겨본다.

— P.73 —

영원한 베이식 아이템 리틀 블랙 드레스.
보트넥과 타이트 슬리브를 조합해
화려하면서도 세련된 인상을 준다.

– P. 75 –

X⁶

사용한 천
Textiles

코튼과 울, 무지와 프린트지 등
원단을 바꿔가며 즐길 수 있는 것도
심플한 원피스라서 가능한 매력이다.
사계절 내내 활용할 수 있다.

왼쪽 위부터 시계 방향으로
그로그랭 페인트 마거릿 흰색
노일 데님 흰색
가는 번수의 코튼 블루
얇은 페더 울 그린
중간 두께의 리넨 미모사
그로그랭 페인트 마거릿 검은색
얇은 페더 울 검은색
형상기억 태피터 브라운
면마 프리페라 워셔 오렌지
그로그랭 그레이
얇은 리넨 코럴
얇은 페더 울 캐멀

How to make
Tips

멋지게, 심플하게, 우아하게.
단 3개의 실루엣에 목둘레와 소매를 공통으로 이용한
18라인의 디자인을 준비했다.

사이즈와 수록된 실물 대형 패턴에 대해서

수록된 실물 대형 패턴은 오른쪽 속옷을 입고 잰 참고 치수표의 5호, 7호, 9호, 11호, 13호로 그레이딩(사이즈 전개)하여, 각 사이즈별로 7호는 붉은색 면, 9호는 감색 면, 11호는 녹색 면, 13호는 갈색 면, 5호 사이즈는 파트별 패턴으로 색을 구분해 4개의 면에 실었다. 각각의 패턴에는 시접이 포함되어 있다. 각 면에 필요한 패턴 배치도가 있으니 찾을 때 참고하자. 패턴 명칭이나 시접 폭은 재단 배치도를 참고하면 쉽게 이해할 수 있다. 사이즈 표를 참고하여 패턴 사이즈를 고른다. 15호로 사이즈를 늘리고 싶을 때, 옷 길이, 소매길이를 변경하고 싶을 때는 34페이지의 조정 방법을 참조한다.

속옷을 입고 잰 참고 치수표 (단위는 cm)

	5호	7호	9호	11호	13호
키	157	157	164	164	167
가슴둘레	78	82	86	90	94
허리둘레	56	60	64	68	72
엉덩이둘레	83	87	91	95	99
소매길이	52	52	55	57	57

패턴 만드는 법

수록된 실물 대형 패턴은 지면 사정상 선이 겹쳐 있으므로 베끼려는 선을 마커 등으로 덧그려 패턴지 등 다른 종이에 베낀다. 이때 맞춤 표시와 식서 방향선도 꼭 베낀다. 또 파트가 지면에 모두 들어가지 않는 디자인은 파트를 분리해 넣었으니 패턴 안에 있는 지시나 재단 배치도에 따라 패턴을 맞대어 사용한다. 안단선은 몸판 패턴 안에 겹쳐 있으므로 몸판 패턴과는 별도로 베낀다. 이때 식서 방향은 몸판과 같게 한다.

재단, 맞춤 표시, 표시하기

재단은 겉감을 안끼리 맞닿게 반으로 접고 시접 포함 패턴을 올려 문진으로 누른 뒤 패턴을 따라 재단한다. 단, 올이 성기어 풀리기 쉬운 천은 초크로 재단선을 표시한 뒤 패턴을 떼고 재단하는 방법도 있다. 어떤 경우든지 기본적으로 완성선은 표시하지 않지만, 완성선에 있는 맞춤 표시는 천 끝에 직각으로 노치(0.3cm 정도의 가위집)를 넣는다. 다트처럼 패턴 안쪽에 있는 표시는 초크지를 천 사이에 끼워 송곳이나 룰렛으로 표시한다. 태피터나 울 등 송곳으로 표시하기 곤란한 천이나 자국이 남는 천은 시침실을 사용해 실표뜨기를 한다.

송곳과 노치의 표시하기

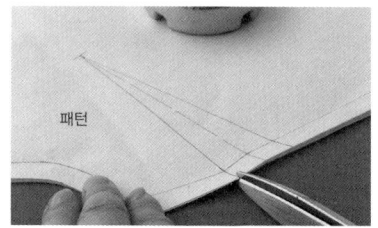
재단한 천에 패턴을 겹쳐, 다트 위치의 시접 3곳에 노치를 넣는다.

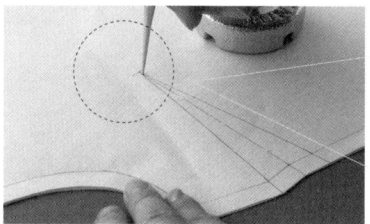
다트 끝에서 0.3~0.5cm 앞쪽에 수직으로 송곳을 찔러 천에 표시한다.

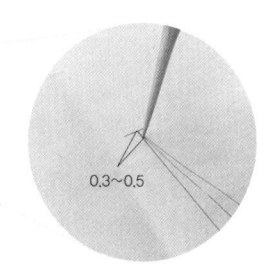

시침실을 사용한 표시하기와 다트의 바느질 방법

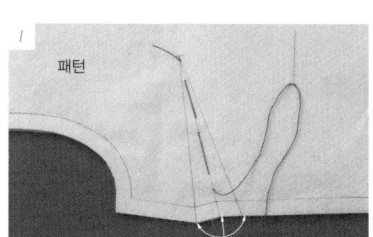
1. 재단한 천에 패턴을 겹쳐, 다트 위치 끝에 노치를 넣는다. 시침실 1가닥으로 다트 중심을 성기게 바느질한다.

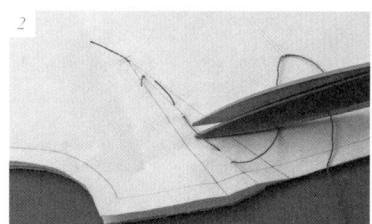
2. 성기게 바느질한 실의 중간을 자른다.

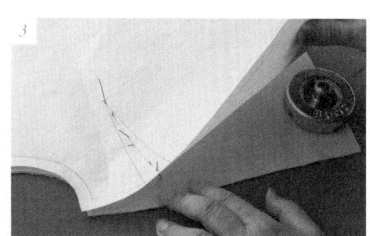
3. 실이 빠지지 않도록 주의하여 패턴을 살며시 뗀다.

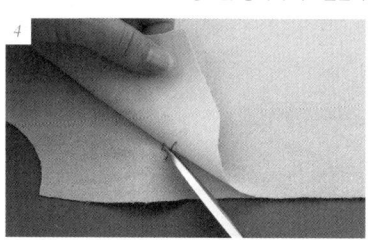
4. 위쪽 천을 살며시 젖히고 사이의 실을 자른다.

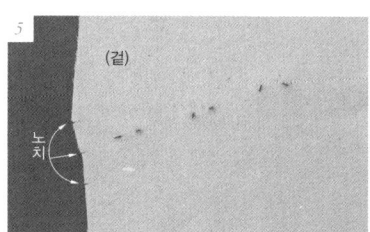
5. 위쪽 천의 시침실을 짧게 자르면 표시하기 완성.

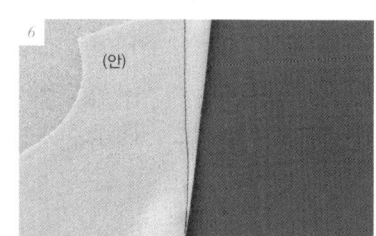
6. 노치를 맞춰 겉끼리 맞닿게 접고 시침실 표시가 접음선이 되도록 시침핀으로 고정한 뒤 다림질하여 다트를 박는다.

13호에서 15호로 사이즈를 늘리는 방법

13호는 꼭 끼어 갑갑한 경우, 몸판 주위의 치수를 4cm 크게 15호로 사이즈를 늘리는 방법이다. 오른쪽 그림은 수록된 패턴에 들어 있는 전 디자인의 각 파트이다. 이 가운데 옆선과 관련된 부분만 시접 폭 분량인 1cm를 평행으로 추가하여 간단히 사이즈를 늘릴 수 있다. 아래 그림은 A라인의 앞 옆선, 뒤 옆선에서 1cm 추가하여 처리한 방법이다. I, X라인은 이것을 참고해 앞 옆과 뒤 옆의 옆선에서 같은 방법으로 1cm 추가하자. 옆선에서 사이즈를 추가한 경우 맞춰 박는 소매의 소매 밑선에서 1cm 꼭 추가한다. 옷 길이와 소매길이는 밑단선, 소맷부리선에서 평행으로 가감한다. 이 경우 원단 사용량이 달라지니 주의하자.

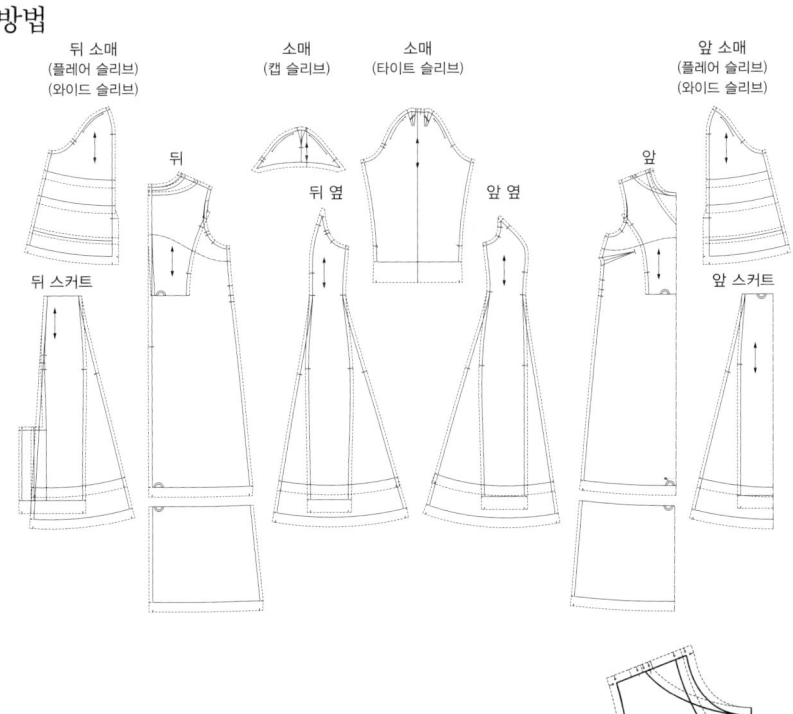

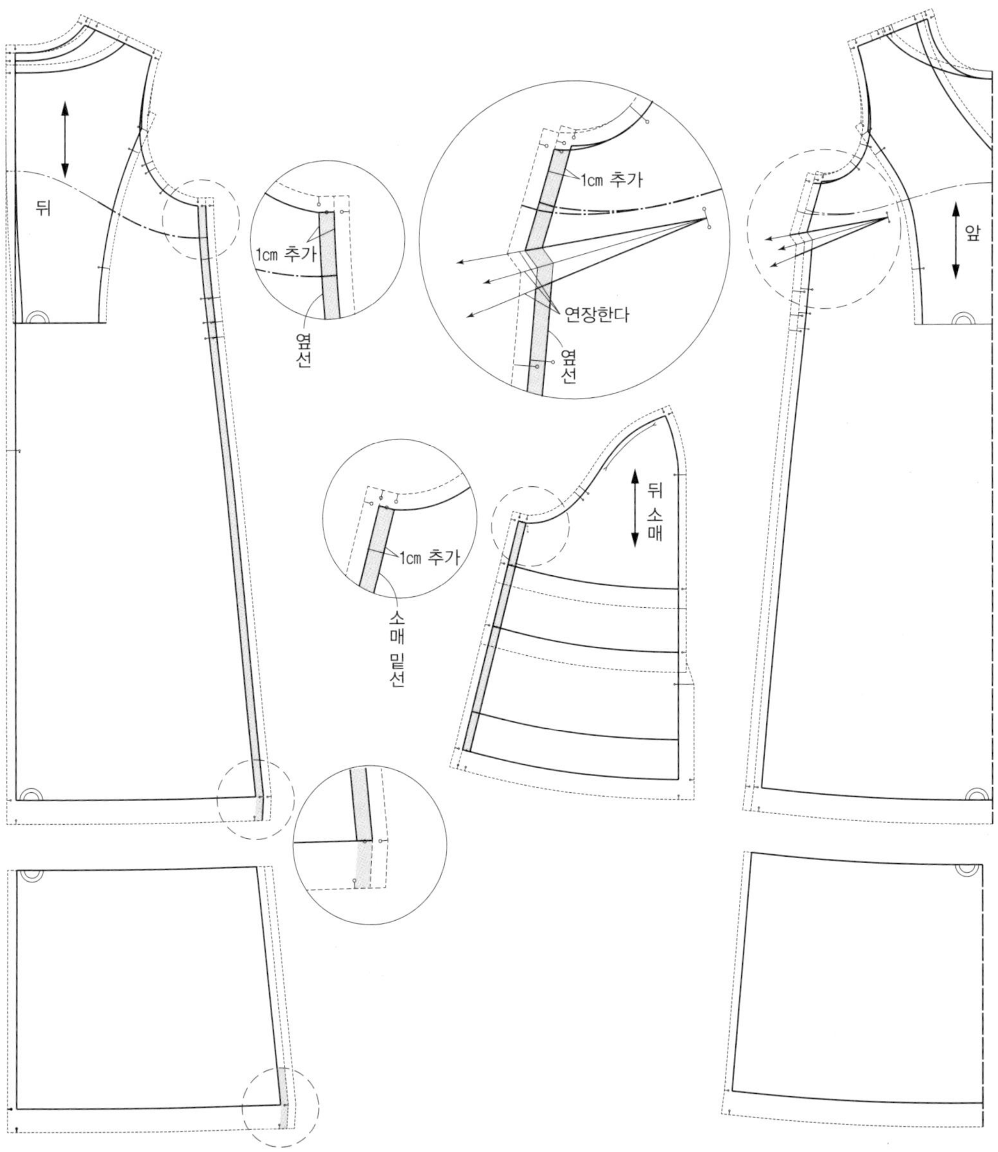

$Tips$ ^{만드는 법} *Silhouette no.1* **A**

밑단까지 완만하게 퍼지는 A라인 실루엣.
소매와 칼라는 물론이고 옷 길이도 변형하여
즐길 수 있다.

A¹

A¹ A라인 무릎 길이 + 라운드넥 + 캡 슬리브 드레스 (사진 P.8)

Silhouette no.1

필요한 패턴
(붉은색 면: 7호, 감색 면: 9호, 녹색 면: 11호, 갈색 면: 13호, 각 면: 5호)
앞, 뒤, 소매(캡 슬리브), 앞 안단, 뒤 안단

재료
겉감(그로그랭) … 148cm 폭
1.4m(5·7·9호), 1.5m(11·13호)
접착심지(앞뒤 안단) … 90cm 폭 40cm
늘어짐 방지 테이프(앞뒤 목둘레) … 1.2cm 폭 70cm
숨김 지퍼 … 56cm 1개
고리단추 … 1쌍

준비
· 앞뒤 안단에 접착심지를 붙인다.
· 목둘레에 늘어짐 방지 테이프를 붙인다.
· 몸판 옆, 뒤 중심, 밑단, 소맷부리, 안단 끝에 오버로크(또는 지그재그 박기).

만드는 법
1 뒤 중심의 트임 끝에서 밑단까지 박는다(시접은 가른다).
2 숨김 지퍼를 단다.
3 가슴 다트를 박는다(시접은 위쪽으로 눕힌다).
4 옆을 박는다(시접은 가른다).
5 몸판 어깨, 안단 어깨와 옆을 박는다(시접은 가른다).
6 몸판과 안단을 겉끼리 맞대어 목둘레를 박아 뒤집고, 안단과 시접만 스티치(상침)로 누른다.
7 몸판과 안단을 겉끼리 맞대어 진동 둘레 아래를 박아 뒤집는다. 소매 다는 끝에서 시접을 반대쪽으로 꺼내, 진동 둘레 아래의 안단과 시접만 스티치로 누른다.
8 소매산의 다트를 박고(시접은 뒤쪽으로 눕힌다), 소매산에 여유분 줄임 박기를 한다. 소맷부리를 1번 접어 감침질한다.
9 소매를 단다(3장 함께 오버로크. 시접은 소매 쪽으로 눕힌다). 아래쪽의 시접 끝을 젖혀, 안단에 감침질한다.
10 밑단을 1번 접어 감침질한다.
11 안단을 지퍼에 감침질하고, 고리단추를 단다. 몸판 옆 시접에 안단 끝을 감침질한다.

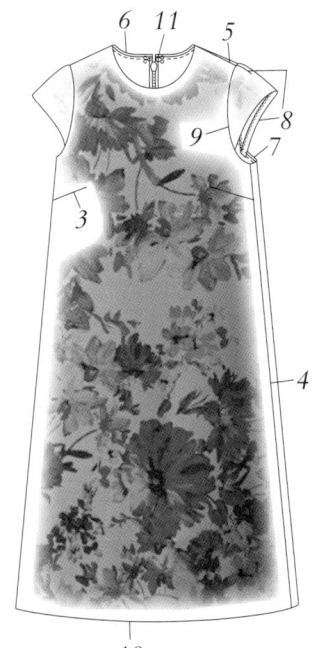

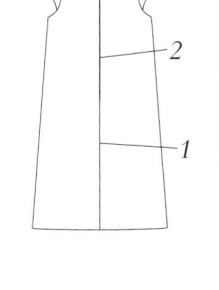

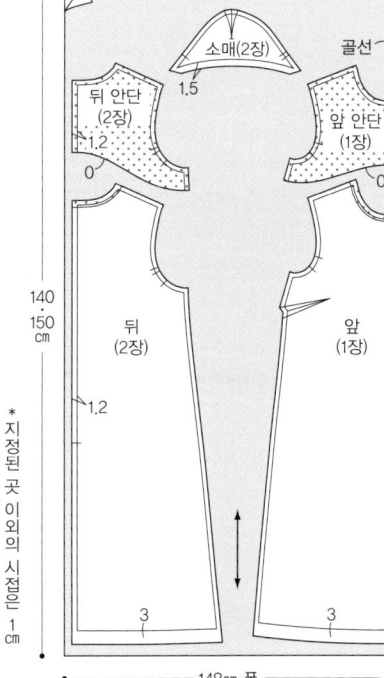

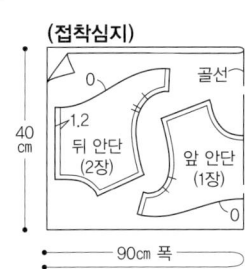

완성 치수 (단위는 cm)

사이즈	5호	7호	9호	11호	13호
가슴둘레	85	89	93	97	101
허리둘레	90.8	94.8	98.8	102.8	106.8
엉덩이둘레	100.8	104.8	108.8	112.8	116.8
소매길이	10	10	10	10.5	11
옷 길이(무릎 길이)	90	90	94	94	98

1, 2 뒤 중심의 트임 끝에서 밑단까지 박는다(시접은 가른다).
  숨김 지퍼를 단다.

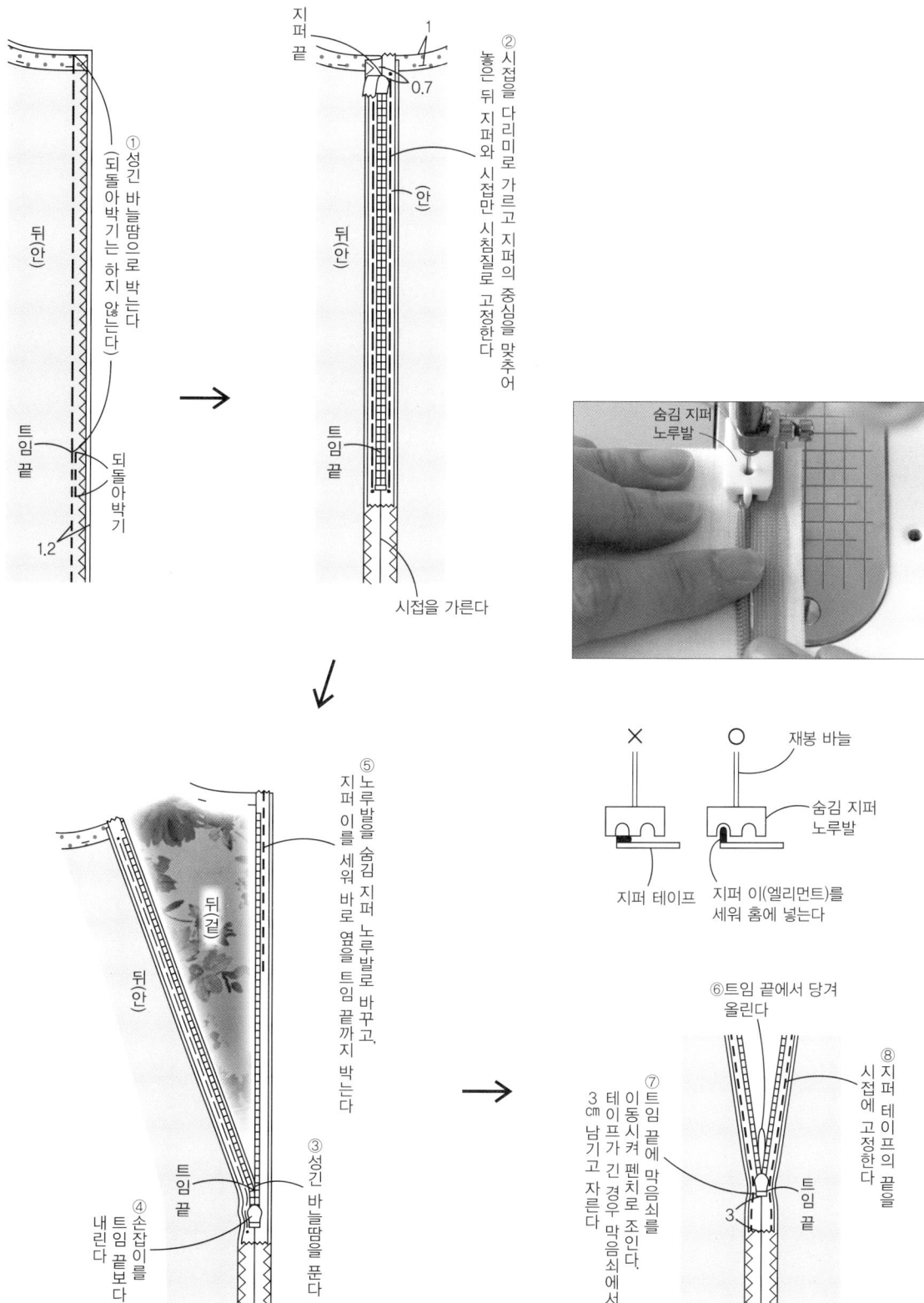

3   가슴 다트를 박는다(시접은 위쪽으로 눕힌다).

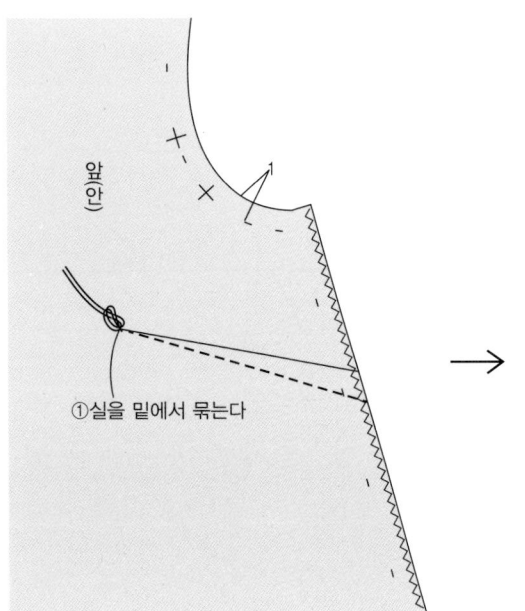
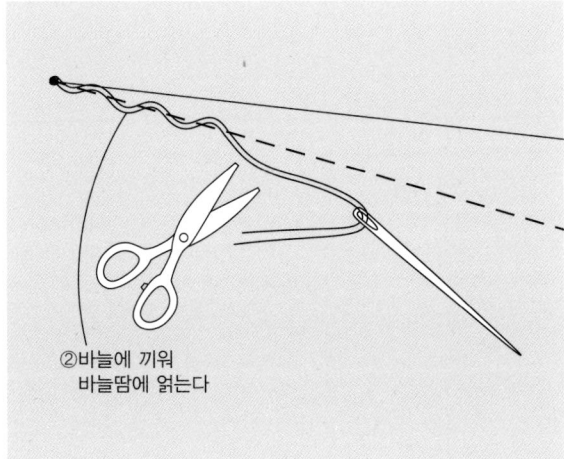

4, 5   옆을 박는다(시접은 가른다).
       몸판 어깨, 안단 어깨와 옆을 박는다(시접은 가른다).

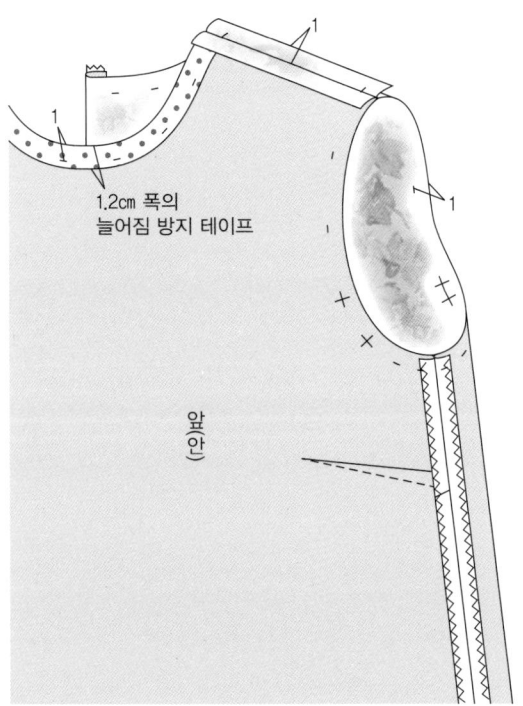
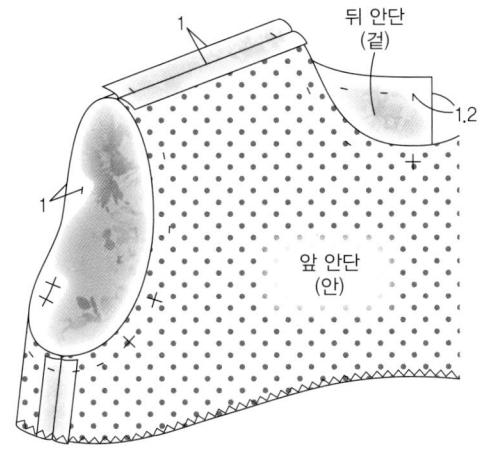

※ 보트넥 안단은 어깨의 목둘레 쪽을 겉감 완성선에 박아 고정한다

6 몸판과 안단을 겉끼리 맞대어 목둘레를 박아 뒤집고, 안단과 시접만 스티치(상침)로 누른다.

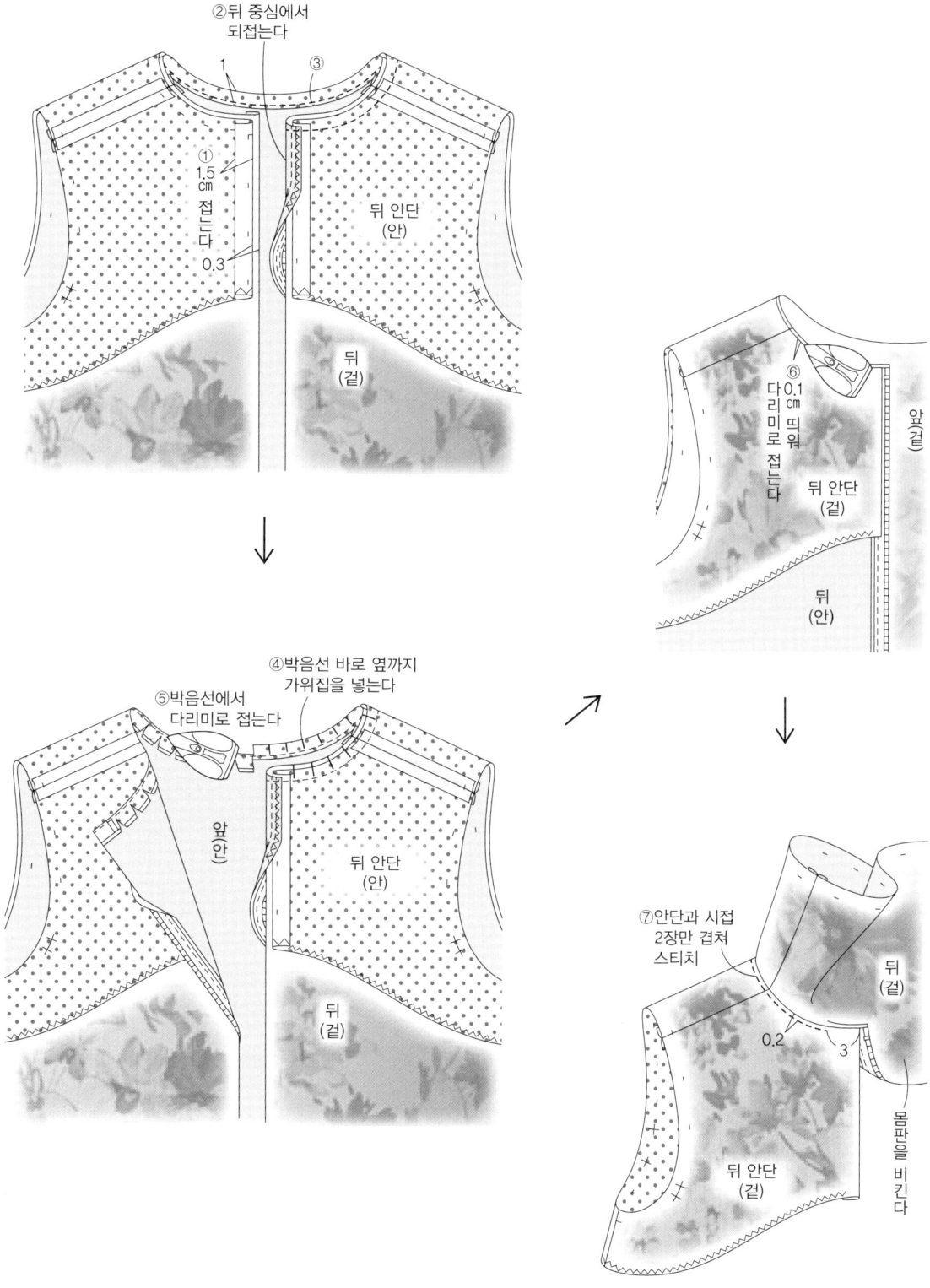

A¹

7 몸판과 안단을 겉끼리 맞대어 진동 둘레 아래를 박아 뒤집는다.
소매 다는 끝에서 시접을 반대쪽으로 꺼내, 진동 둘레 아래의 안단과 시접만 스티치로 누른다.

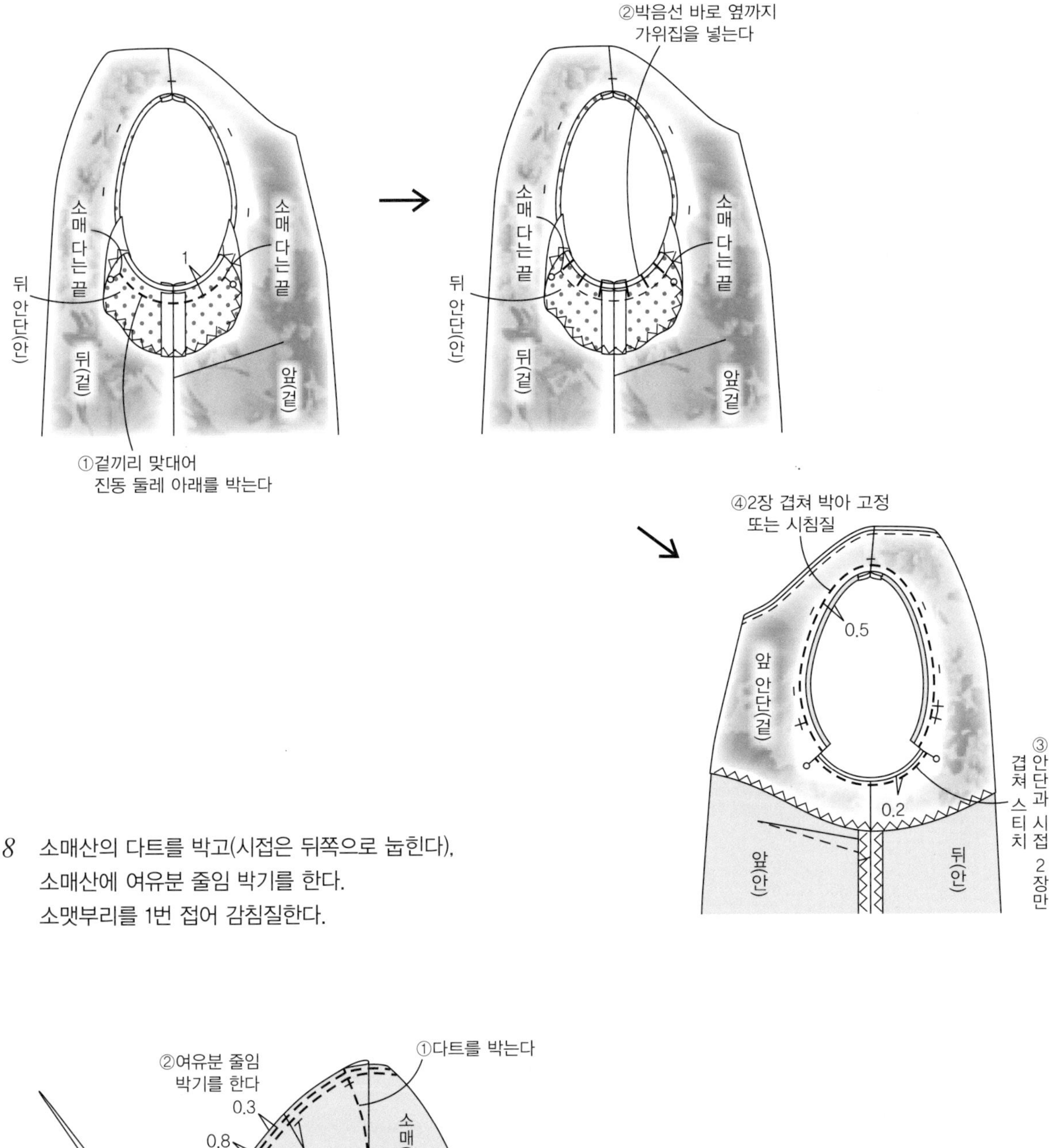

8 소매산의 다트를 박고(시접은 뒤쪽으로 눕힌다),
소매산에 여유분 줄임 박기를 한다.
소맷부리를 1번 접어 감침질한다.

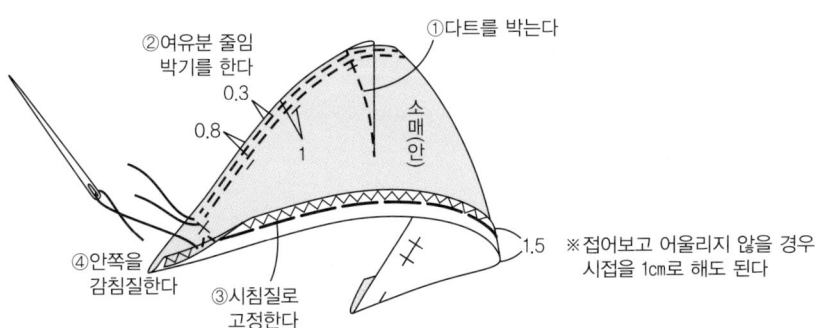

9 소매를 단다(3장 함께 오버로크. 시접은 소매 쪽으로 눕힌다).
　아래쪽의 시접 끝을 젖혀, 안단에 감침질한다.

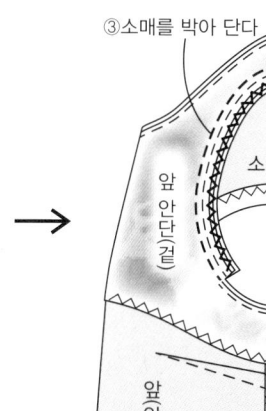

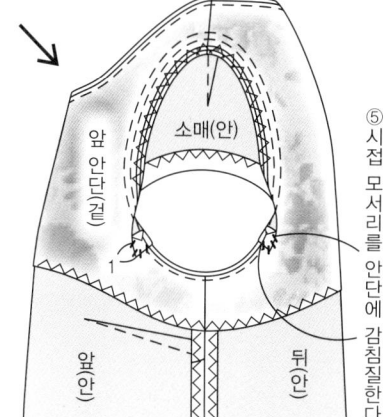

10 밑단을 1번 접어 감침질한다.

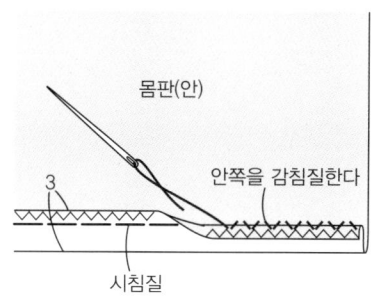

11 안단을 지퍼에 감침질하고, 고리단추를 단다.
　몸판 옆 시접에 안단 끝을 감침질한다.

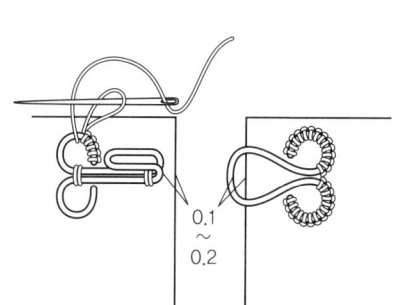

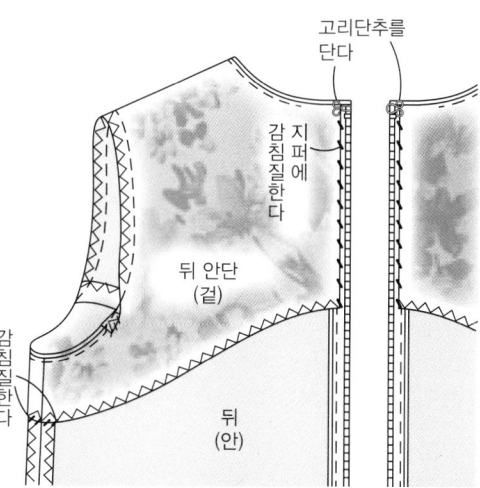

Silhouette no.1

A2 A라인 무릎 길이 + 라운드넥 + 7부 길이 와이드 슬리브 드레스(사진 P.9)

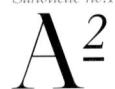

필요한 패턴

(붉은색 면: 7호, 감색 면: 9호, 녹색 면: 11호, 갈색 면: 13호, 각 면: 5호)

앞, 뒤, 앞 소매(와이드 슬리브 · 7부 길이), 뒤 소매(와이드 슬리브 · 7부 길이), 앞 안단, 뒤 안단

재료

겉감(그로그랭) … 148cm 폭
1.8m(5 · 7 · 9호), 2m(11 · 13호)
접착심지(앞뒤 안단) … 90cm 폭 40cm
늘어짐 방지 테이프(앞뒤 목둘레) … 1.2cm 폭 70cm
숨김 지퍼 … 56cm 1개
고리단추 … 1쌍

준비

- 앞뒤 안단에 접착심지를 붙인다.
- 목둘레에 늘어짐 방지 테이프를 붙인다.
- 몸판 옆, 뒤 중심, 밑단, 소매 이음선, 소매 밑, 소맷부리, 안단 끝에 오버로크(또는 지그재그 박기).

만드는 법

1 뒤 중심의 트임 끝에서 밑단까지 박는다(시접은 가른다. p.37 참조).

2 숨김 지퍼를 단다(p.37 참조).

3 가슴 다트를 박는다(시접은 위쪽으로 눕힌다. p.38 참조).

4 옆을 박는다(시접은 가른다. p.38 참조).

5 몸판 어깨, 안단 어깨와 옆을 박는다(시접은 가른다. p.38 참조).

6 몸판과 안단을 겉끼리 맞대어 목둘레를 박아 뒤집고, 안단과 시접만 스티치로 누른다(p.39 참조).

7 소매 이음선을 슬릿 끝까지 박는다(시접은 가른다). 소매산에 여유분 줄임 박기를 하고, 소맷부리를 다리미로 접는다.

8 접은 소맷부리를 펴서 소매 밑을 박는다(시접은 가른다).

9 소맷부리, 슬릿을 감침질한다.

10 소매를 단다(3장 함께 오버로크. 시접은 소매 쪽으로 눕힌다).

11 밑단을 1번 접어 감침질한다(p.41 참조).

12 안단을 지퍼에 감침질하고, 고리단추를 단다. 몸판 옆 시접에 안단 끝을 감침질한다(p.41 참조).

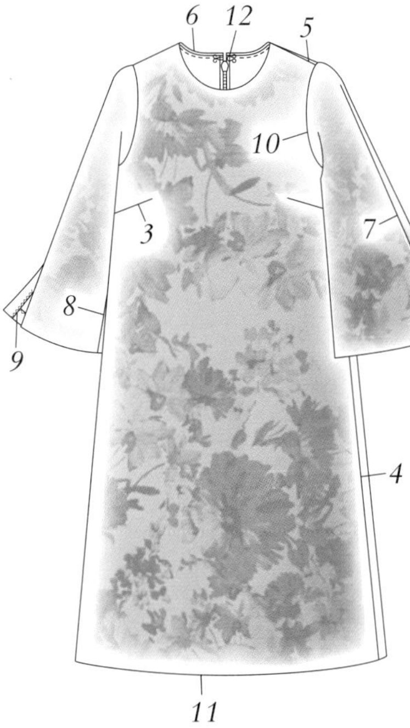

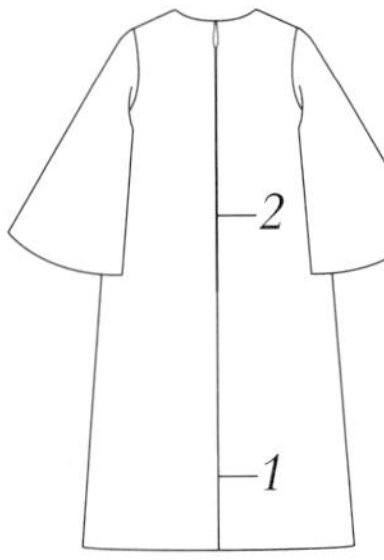

재단 배치도(겉감)

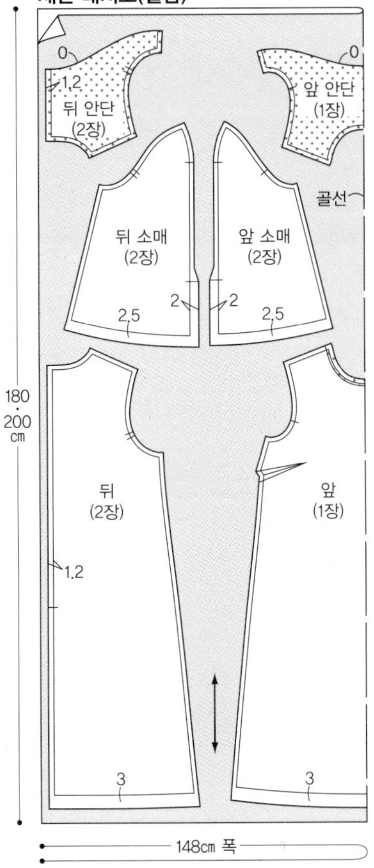

* 지정된 곳 이외의 시접은 1cm
* 접착심지·늘어짐 방지 테이프를 붙이는 위치

(접착심지)

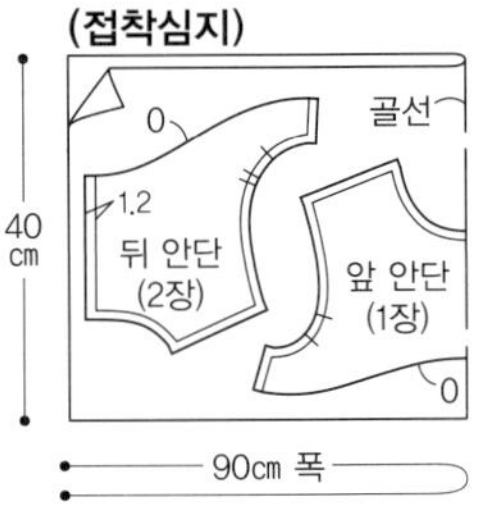

완성 치수 (단위는 cm)

사이즈	5호	7호	9호	11호	13호
가슴둘레	85	89	93	97	101
허리둘레	90.8	94.8	98.8	102.8	106.8
엉덩이둘레	100.8	104.8	108.8	112.8	116.8
소매길이(7부 길이)	44	44	46	46	48
옷 길이(무릎 길이)	90	90	94	94	98

7 소매 이음선을 슬릿 끝까지 박는다
   (시접은 가른다). 소매산에 여유분 줄임 박기를 하고,
   소맷부리를 다리미로 접는다.

8, 9 접은 소맷부리를 펴서 소매 밑을 박는다
   (시접은 가른다). 소맷부리, 슬릿을 감침질한다.

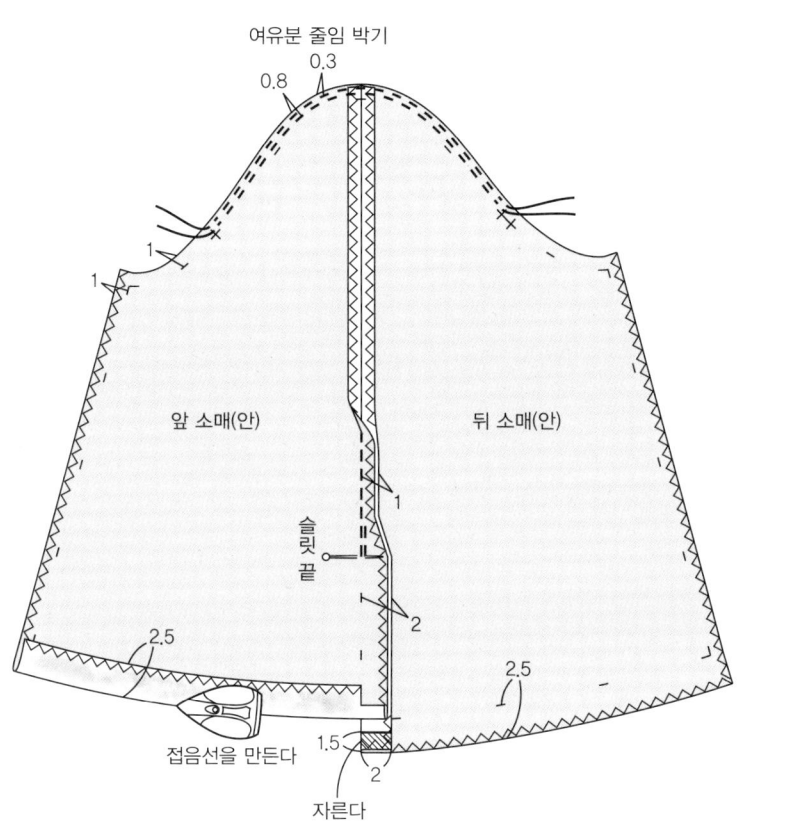
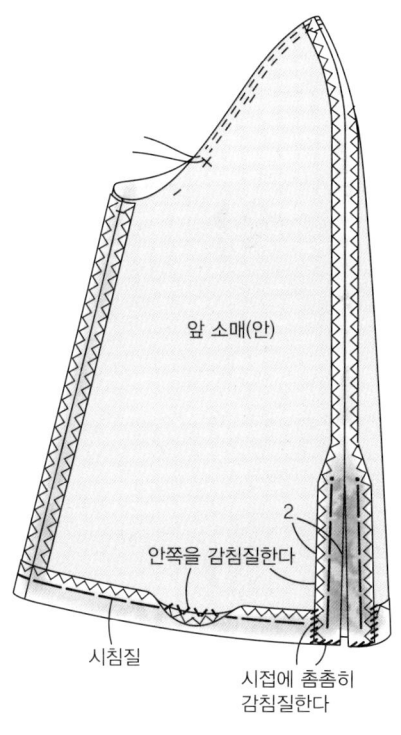

10 소매를 단다(3장 함께 오버로크. 시접은 소매 쪽으로 눕힌다).

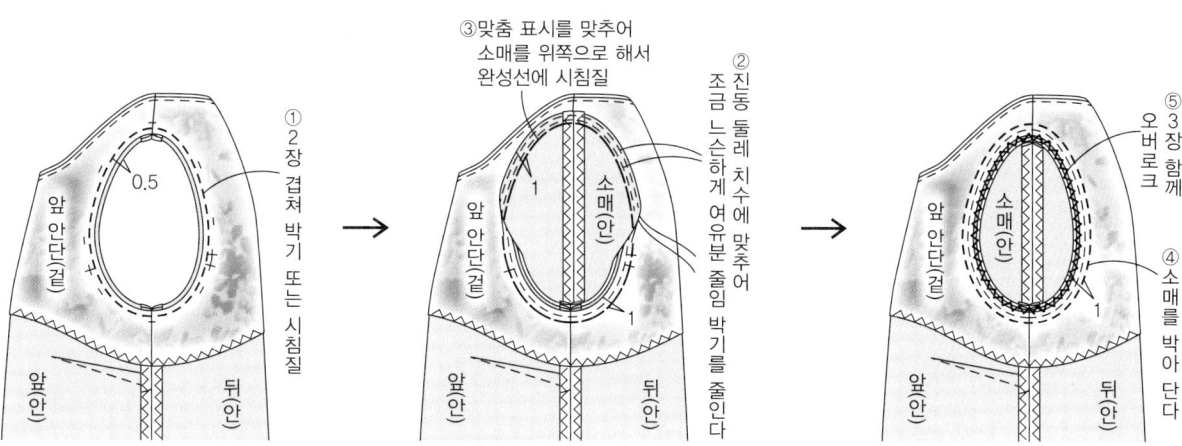

A라인 무릎 길이 + 보트넥 + 7부 길이 타이트 슬리브 드레스 (사진 P.10)

필요한 패턴
(붉은색 면: 7호, 감색 면: 9호, 녹색 면: 11호, 갈색 면: 13호, 각 면: 5호)

앞, 뒤, 소매(타이트 슬리브), 앞 안단, 뒤 안단

재료
겉감(실크) … 110cm 폭
2.4m(5·7·9호), 2.5m(11·13호)
접착심지(앞뒤 안단) … 90cm 폭 40cm
늘어짐 방지 테이프(앞뒤 목둘레) … 1.2cm 폭 80cm
숨김 지퍼 … 56cm 1개
고리단추 … 1쌍

준비
· 앞뒤 안단에 접착심지를 붙인다.
· 목둘레에 늘어짐 방지 테이프를 붙인다.
· 몸판 옆, 뒤 중심, 밑단, 소매 밑, 소맷부리, 안단 끝에 오버로크(또는 지그재그 박기).

만드는 법

1. 뒤 중심의 트임 끝에서 밑단까지 박는다(시접은 가른다. p.37 참조).
2. 숨김 지퍼를 단다(p.37 참조).
3. 가슴 다트를 박는다(시접은 위쪽으로 눕힌다. p.38 참조).
4. 옆을 박는다(시접은 가른다. p.38 참조).
5. 몸판 어깨, 안단 어깨와 옆을 박는다(시접은 가른다. p.38 참조).
6. 몸판과 안단을 겉끼리 맞대어 목둘레를 박아 뒤집고, 안단과 시접만 스티치로 누른다(p.39 참조).
7. 소매산에 턱을 접어 임시 고정한다. 소매산에 여유분 줄임 박기를 하고, 소맷부리를 다리미로 접는다. 소매 밑을 슬릿 끝까지 박고(시접은 가른다), 슬릿을 만든다.
8. 소맷부리를 감침질한다.
9. 소매를 단다(3장 함께 오버로크. 시접은 소매 쪽으로 눕힌다. p.43 참조).
10. 밑단을 1번 접어 감침질한다(p.41 참조).
11. 안단을 지퍼에 감침질하고, 고리단추를 단다. 몸판 옆 시접에 안단 끝을 감침질한다(p.41 참조).

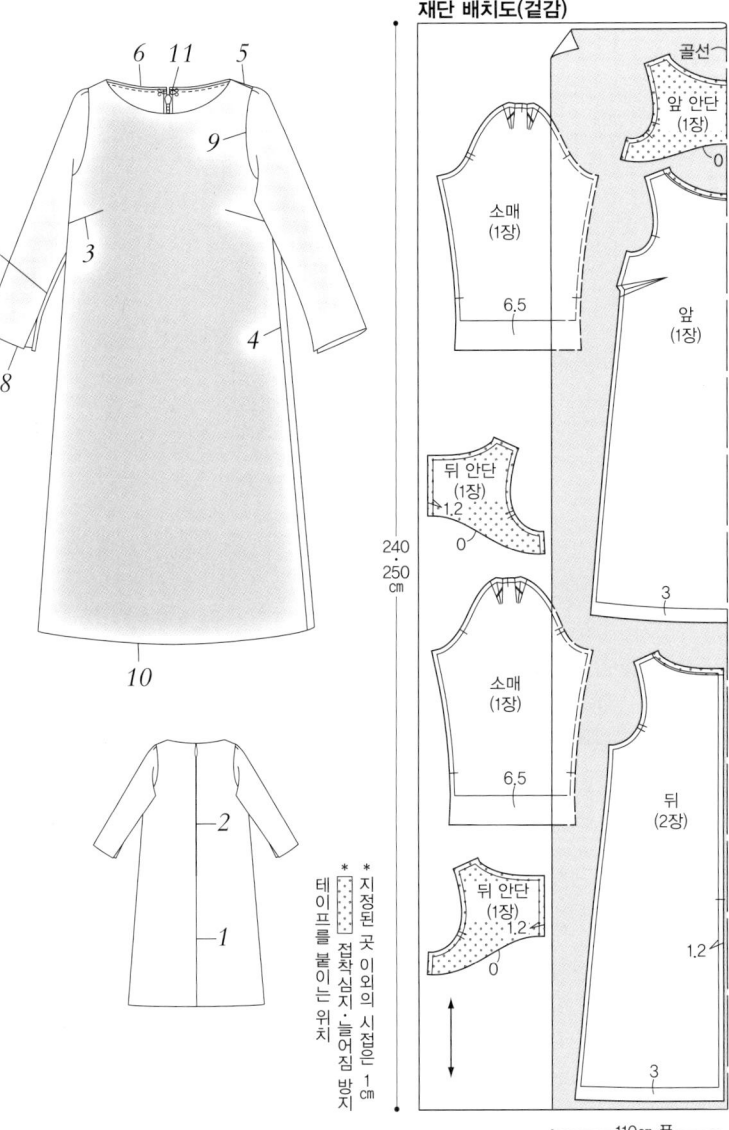

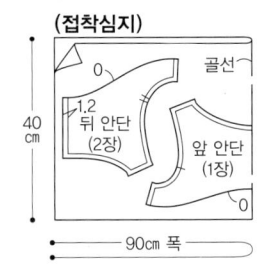

7 소매산에 턱을 접어 임시 고정한다. 소매산에 여유분 줄임 박기를 하고, 소맷부리를 다리미로 접는다.
  소매 밑을 슬릿 끝까지 박고(시접은 가른다), 슬릿을 만든다.

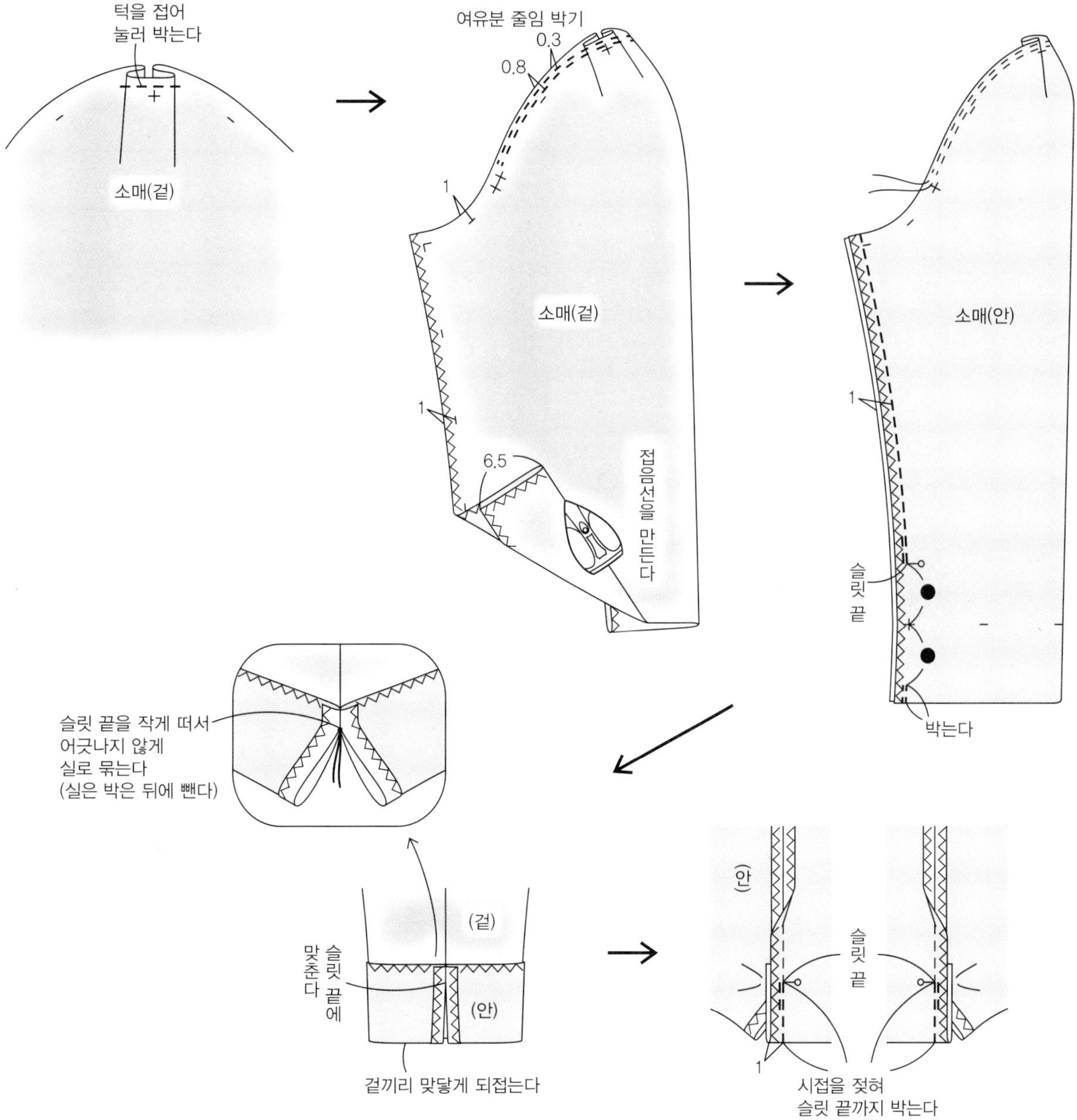

8 소맷부리를 감침질한다.

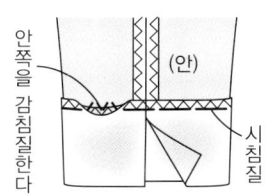

완성 치수				(단위는 cm)	
사이즈	5호	7호	9호	11호	13호
가슴둘레	85	89	93	97	101
허리둘레	90.8	94.8	98.8	102.8	106.8
엉덩이둘레	100.8	104.8	108.8	112.8	116.8
소매길이(7부 길이)	45	45	47	47	49
옷 길이(무릎 길이)	90	90	94	94	98

Silhouette no.1

 A라인 세미 롱 길이 + 라운드넥 + 5부 길이 플레어 슬리브 드레스 (사진 P.11)

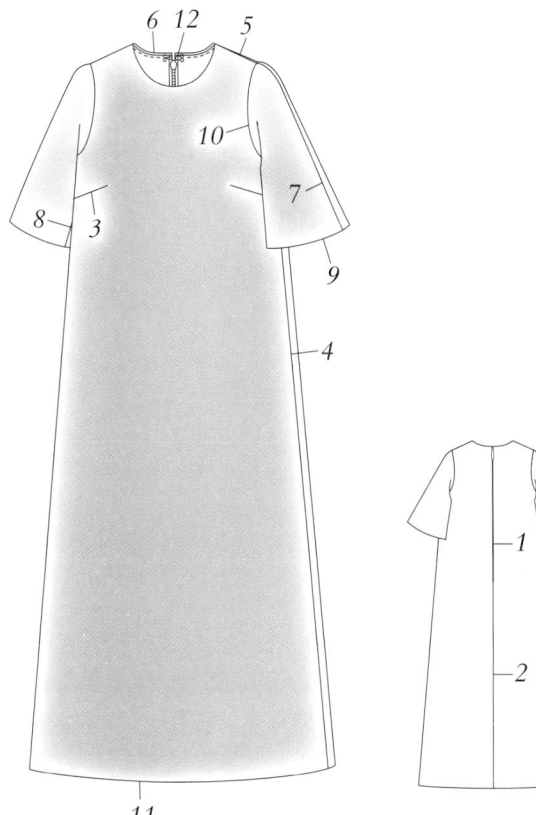

필요한 패턴
(붉은색 면: 7호, 감색 면: 9호, 녹색 면: 11호, 갈색 면: 13호, 각 면: 5호)

앞(앞 밑단과 맞댄다), 뒤(뒤 밑단과 맞댄다), 앞 소매(플레어 슬리브·5부 길이), 뒤 소매(플레어 슬리브·5부 길이), 앞 안단, 뒤 안단

재료
겉감(코튼) … 108cm 폭
3m(5·7·9호), 3.1m(11·13호)
접착심지(앞뒤 안단) … 90cm 폭 40cm
늘어짐 방지 테이프(앞뒤 목둘레) … 1.2cm 폭 70cm
숨김 지퍼 … 56cm 1개
고리단추 … 1쌍

준비
- 앞뒤 안단에 접착심지를 붙인다.
- 목둘레에 늘어짐 방지 테이프를 붙인다.
- 몸판 옆, 뒤 중심, 밑단, 소맷부리, 안단 끝에 오버로크(또는 지그재그 박기).

만드는 법
1. 뒤 중심의 트임 끝에서 밑단까지 박는다(시접은 가른다. p.37 참조).
2. 숨김 지퍼를 단다(p.37 참조).
3. 가슴 다트를 박는다(시접은 위쪽으로 눕힌다. p.38 참조).
4. 옆을 박는다(시접은 가른다. p.38 참조).
5. 몸판 어깨, 안단 어깨와 옆을 박는다(시접은 가른다. p.38 참조).
6. 몸판과 안단을 겉끼리 맞대어 목둘레를 박아 뒤집고, 안단과 시접만 스티치로 누른다(p.39 참조).
7. 소매 이음선을 박는다(시접은 가른다). 소매산에 여유분 줄임 박기를 하고, 소맷부리를 다리미로 접는다.
8. 접은 소맷부리를 펴서 소매 밑을 박는다(시접은 가른다).
9. 소맷부리를 감침질한다.
10. 소매를 단다(3장 함께 오버로크. 시접은 소매 쪽으로 눕힌다. p.43 참조).
11. 밑단을 1번 접어 감침질한다(p.41 참조).
12. 안단을 지퍼에 감침질하고, 고리단추를 단다. 몸판 옆 시접에 안단 끝을 감침질한다(p.41 참조).

완성 치수 (단위는 cm)

사이즈	5호	7호	9호	11호	13호
가슴둘레	85	89	93	97	101
허리둘레	90.8	94.8	98.8	102.8	106.8
엉덩이둘레	100.8	104.8	108.8	112.8	116.8
소매길이(5부 길이)	29	29	30	30	31
옷 길이(세미 롱 길이)	120	120	124	124	128

재단 배치도 (겉감)

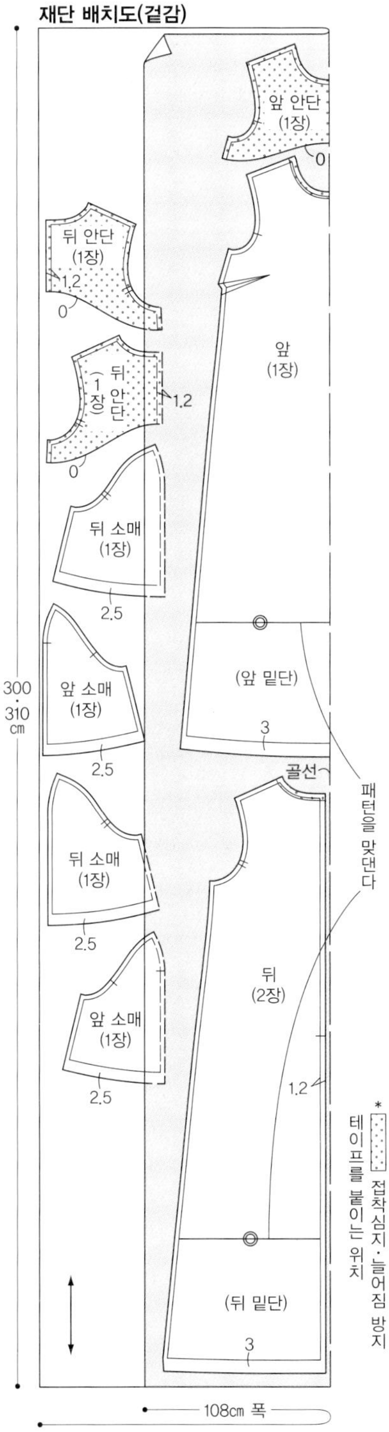

- 앞 안단 (1장)
- 뒤 안단 (1장) 1.2 / 0
- 뒤 안단 (1장) 1.2 / 0
- 뒤 소매 (1장) 2.5
- 앞 소매 (1장) 2.5
- 뒤 소매 (1장) 2.5
- 앞 소매 (1장) 2.5
- 앞 (1장)
- (앞 밑단) 3
- 골선
- 뒤 (2장) 1.2
- (뒤 밑단) 3

패턴을 맞댄다

* 지정된 곳 이외의 시접은 1cm
* 접착심지·늘어짐 방지 테이프를 붙이는 위치

300·310 cm / 108cm 폭

(접착심지)

- 뒤 안단 (2장) 1.2 / 0
- 앞 안단 (1장) 0
- 골선

40 cm / 90cm 폭

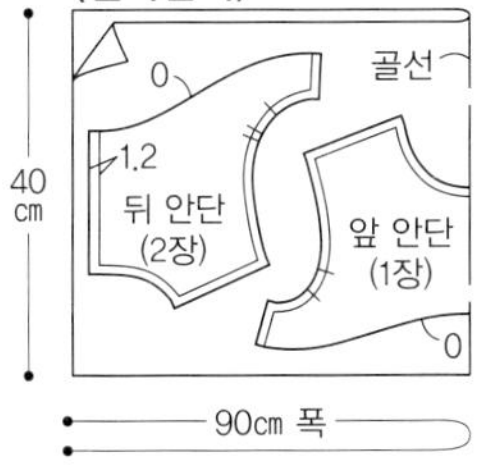

7 소매 이음선을 박는다(시접은 가른다).
   소매산에 여유분 줄임 박기를 하고, 소맷부리를 다리미로 접는다.

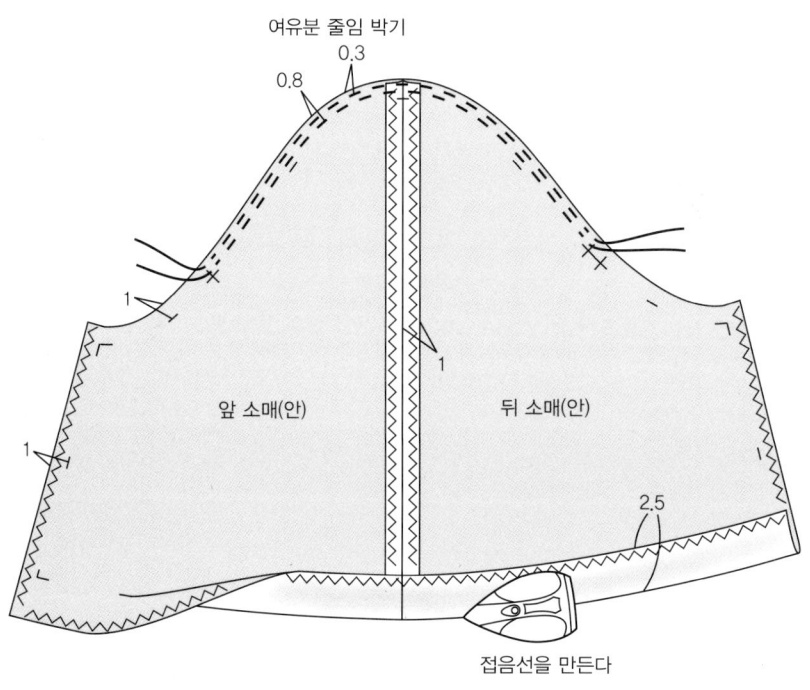

8 접은 소맷부리를 펴서 소매 밑을 박는다
   (시접은 가른다).

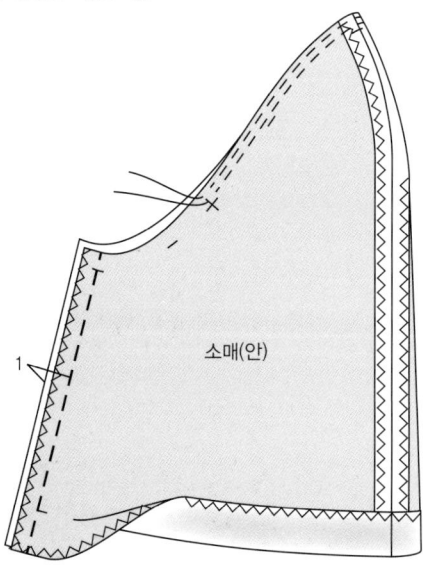

9 소맷부리를 감침질한다.

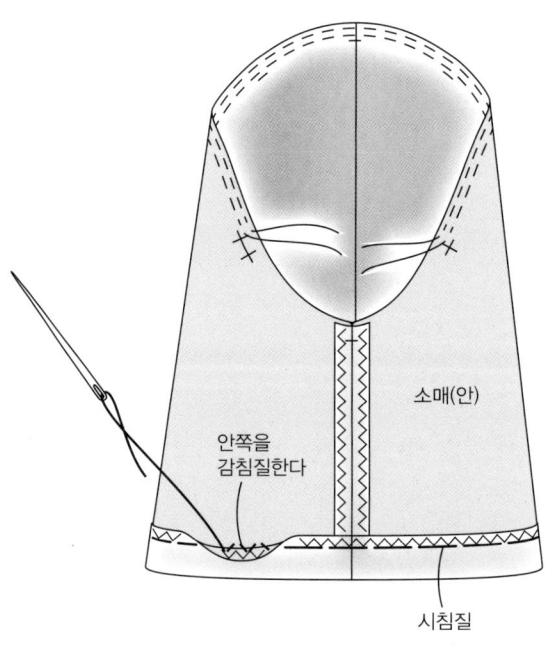

A⁵ A라인 무릎 길이 + V넥 + 3부 길이 플레어 슬리브 드레스 (사진 P.12)

필요한 패턴
(붉은색 면: 7호, 감색 면: 9호, 녹색 면: 11호, 갈색 면: 13호, 각 면: 5호)

앞, 뒤, 앞 소매(플레어 슬리브·3부 길이), 뒤 소매(플레어 슬리브·3부 길이), 앞 안단, 뒤 안단

재료

겉감(울)…143cm 폭
1.7m(5·7·9호), 1.8m(11·13호)
접착심지(앞뒤 안단)…90cm 폭 40cm
늘어짐 방지 테이프(앞뒤 목둘레)…1.2cm 폭 90cm
숨김 지퍼…56cm 1개
고리단추…1쌍

준비

· 앞뒤 안단에 접착심지를 붙인다.
· 목둘레에 늘어짐 방지 테이프를 붙인다.
· 몸판 옆, 뒤 중심, 밑단, 소맷부리, 안단 끝에 오버로크(또는 지그재그 박기).

만드는 법

1 뒤 중심의 트임 끝에서 밑단까지 박는다(시접은 가른다. p.37 참조).
2 숨김 지퍼를 단다(p.37 참조).
3 가슴 다트를 박는다(시접은 위쪽으로 눕힌다. p.38 참조).
4 옆을 박는다(시접은 가른다. p.38 참조).
5 몸판 어깨, 안단 어깨와 옆을 박는다(시접은 가른다. p.38 참조).
6 몸판과 안단을 겉끼리 맞대어 목둘레를 박아 뒤집고, 안단과 시접만 스티치로 누른다.
7 소매 이음선을 박는다(시접은 가른다). 소매산에 여유분 줄임 박기를 하고, 소맷부리를 다리미로 접는다(p.48 참조).
8 접은 소맷부리를 펴서 소매 밑을 박는다(시접은 가른다. p.48 참조).
9 소맷부리를 감침질한다(p.48 참조).
10 소매를 단다(3장 함께 오버로크. 시접은 소매 쪽으로 눕힌다. p.43 참조).
11 밑단을 1번 접어 감침질한다(p.41 참조).
12 안단을 지퍼에 감침질하고, 고리단추를 단다. 몸판 옆 시접에 안단 끝을 감침질한다(p.41 참조).

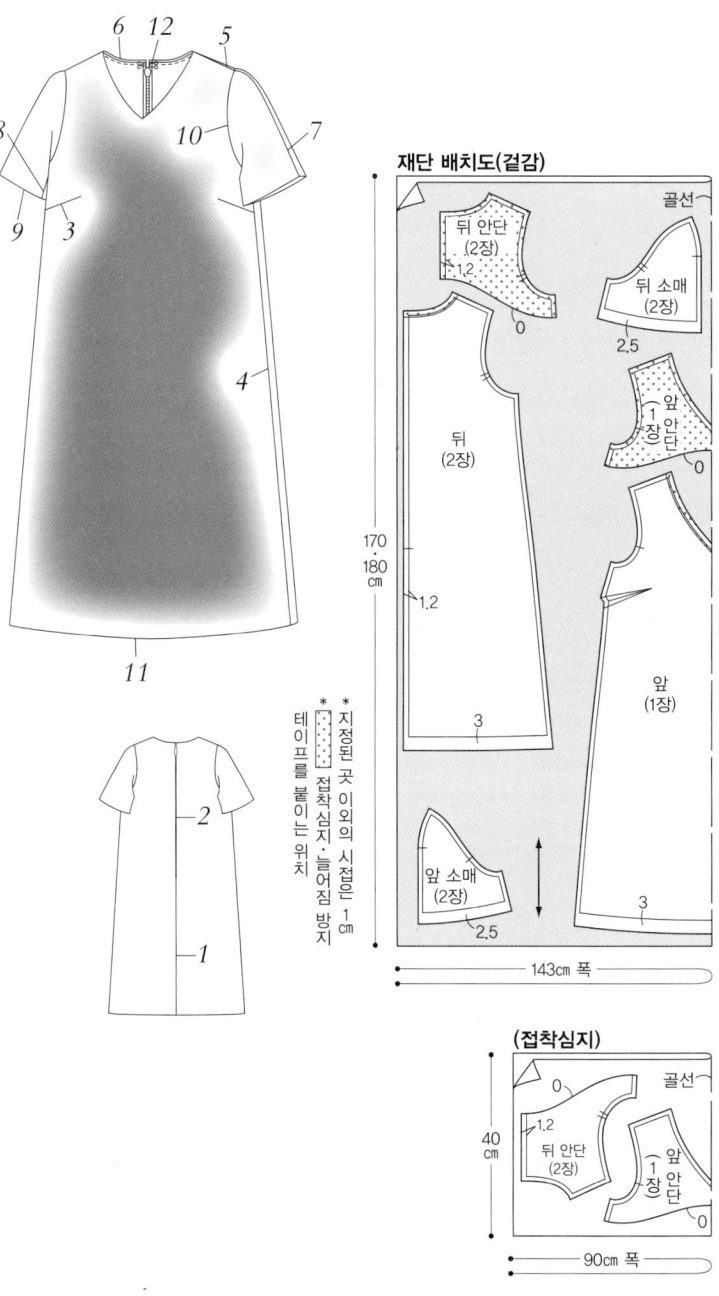

완성 치수					(단위는 cm)
사이즈	5호	7호	9호	11호	13호
가슴둘레	85	89	93	97	101
허리둘레	90.8	94.8	98.8	102.8	106.8
엉덩이둘레	100.8	104.8	108.8	112.8	116.8
소매길이(3부 길이)	21	21	22	22	23
옷 길이(무릎 길이)	90	90	94	94	98

준비

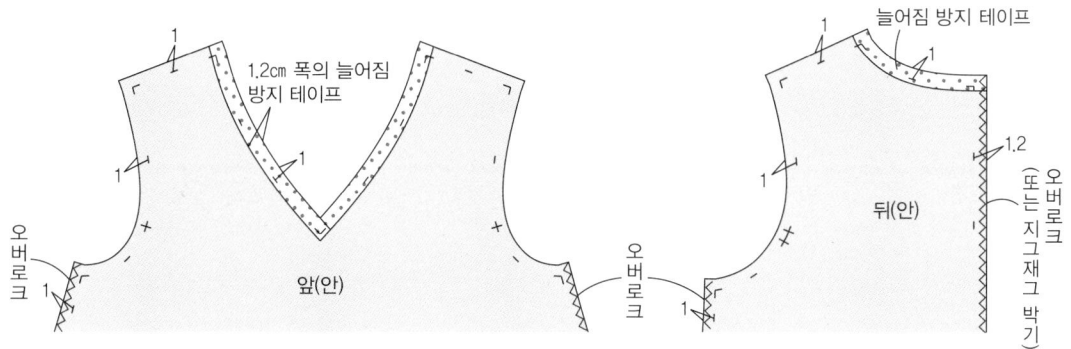

6 몸판과 안단을 겉끼리 맞대어 목둘레를 박아 뒤집고,
   안단과 시접만 스티치로 누른다.

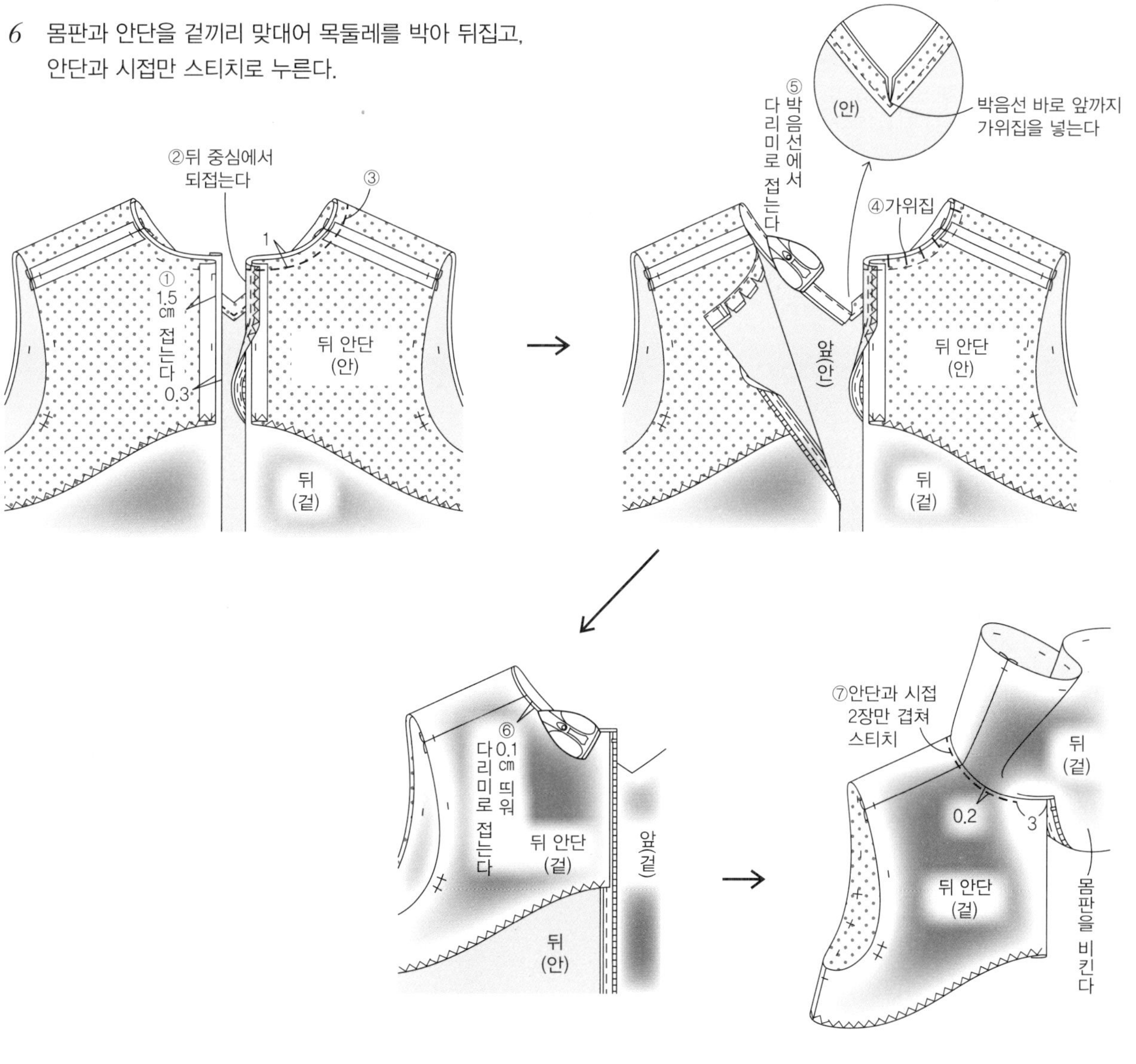

Silhouette no.1

 A라인 무릎 길이 + 보트넥 + 7부 길이 타이트 슬리브 드레스 (사진 P.13)

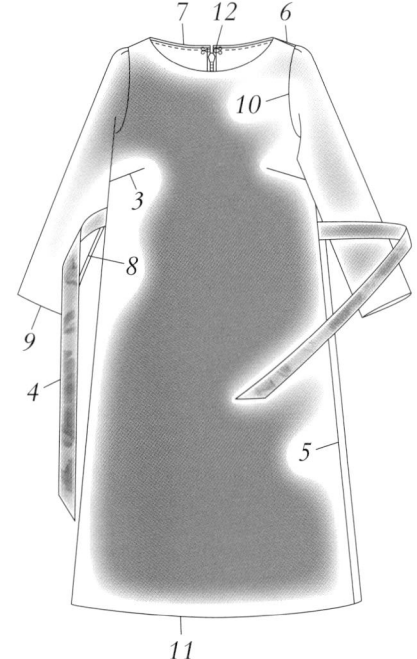

필요한 패턴
(붉은색 면: 7호, 감색 면: 9호, 녹색 면: 11호, 갈색 면: 13호, 각 면: 5호)

앞, 뒤, 소매(타이트 슬리브), 앞 안단, 뒤 안단
※리본은 그림의 치수로 제도 또는 직선 재단으로 자른다.

재료
겉감(울)…143cm 폭
1.9m(5·7·9호), 2m(11·13호)
다른 천(겉 리본)…148cm 폭 10cm
접착심지(앞뒤 안단, 겉 리본)…90cm 폭 60cm
늘어짐 방지 테이프(앞뒤 목둘레)…1.2cm 폭 80cm
숨김 지퍼…56cm 1개
고리단추…1쌍

준비
· 앞뒤 안단, 겉 리본에 접착심지를 붙인다.
· 목둘레에 늘어짐 방지 테이프를 붙인다.
· 몸판 옆, 뒤 중심, 밑단, 소맷부리, 안단 끝, 리본 끝에 오버로크(또는 지그재그 박기).

만드는 법
1 뒤 중심의 트임 끝에서 밑단까지 박는다(시접은 가른다. p.37 참조).
2 숨김 지퍼를 단다(p.37 참조).
3 가슴 다트를 박는다(시접은 위쪽으로 눕힌다. p.38 참조).
4 리본을 만든다.
5 옆을 박는다(시접은 가른다. p.38 참조).
6 몸판 어깨, 안단 어깨와 옆을 박는다(시접은 가른다. p.38 참조).
7 몸판과 안단을 겉끼리 맞대어 목둘레를 박아 뒤집고, 안단과 시접만 스티치로 누른다(p.39 참조).
8 소매산에 턱을 접는다. 여유분 줄임 박기를 하고, 소맷부리를 다리미로 접는다. 접은 소맷부리를 펴서 소매 밑을 박는다(시접은 가른다).
9 소맷부리를 감침질한다.
10 소매를 단다(3장 함께 오버로크. 시접은 소매쪽으로 눕힌다. p.43 참조).
11 밑단을 1번 접어 감침질한다(p.41 참조).
12 안단을 지퍼에 감침질하고, 고리단추를 단다. 몸판 옆 시접에 안단 끝을 감침질한다(p.41 참조).

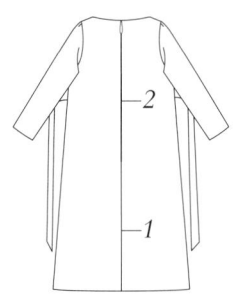

완성 치수				(단위는 cm)	
사이즈	5호	7호	9호	11호	13호
가슴둘레	85	89	93	97	101
허리둘레	90.8	94.8	98.8	102.8	106.8
엉덩이둘레	100.8	104.8	108.8	112.8	116.8
소매길이(7부 길이)	45	45	47	47	49
옷 길이(무릎 길이)	90	90	94	94	98

재단 배치도(겉감)

- 소매 (2장)
- 안 리본 (2장)
- 뒤 (2장)
- 앞 안단 (1장)
- 앞 (1장)
- 뒤 안단 (2장)

190/200 cm, 143cm 폭

3.5cm 자른다
3, 0, 1.2, 3

* 타이트 슬리브의 슬릿은 만들지 않기 때문에, 소맷부리의 시접은 3cm로 한다

* 지정된 곳 이외의 시접은 1cm
* 접착심지·늘어짐 방지 테이프를 붙이는 위치

(다른 천)
- 겉 리본 (2장)
- 골선
- 10cm, 148cm 폭

(접착심지)
- 겉 리본 (2장)
- 앞 안단 (1장)
- 뒤 안단 (2장)
- 60cm, 90cm 폭

4 리본을 만든다.

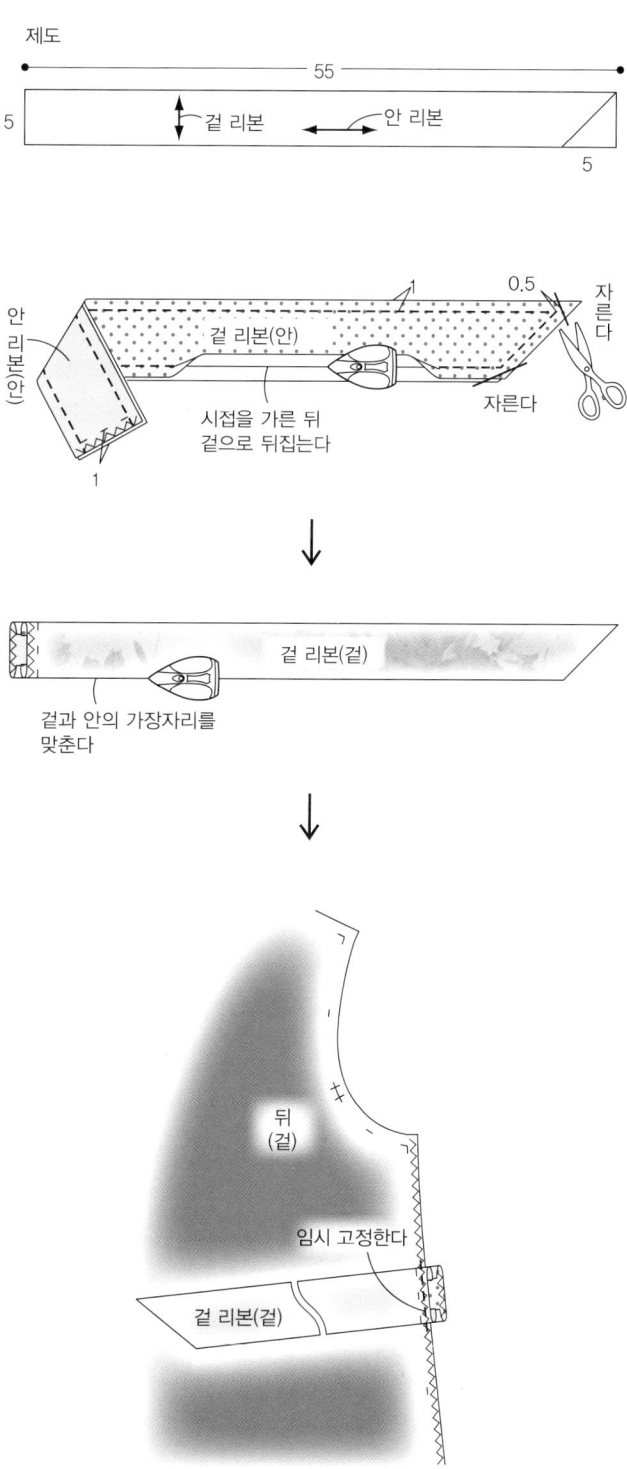

제도
- 55, 5, 5
- 겉 리본, 안 리본

- 안 리본(안), 겉 리본(안)
- 1, 0.5
- 시접을 가른 뒤 겉으로 뒤집는다
- 자른다

- 겉 리본(겉)
- 겉과 안의 가장자리를 맞춘다

- 뒤 (겉)
- 임시 고정한다
- 겉 리본(겉)

8   소매산에 턱을 접는다. 여유분 줄임 박기를 하고, 소맷부리를 다리미로 접는다.
    접은 소맷부리를 펴서 소매 밑을 박는다(시접은 가른다).

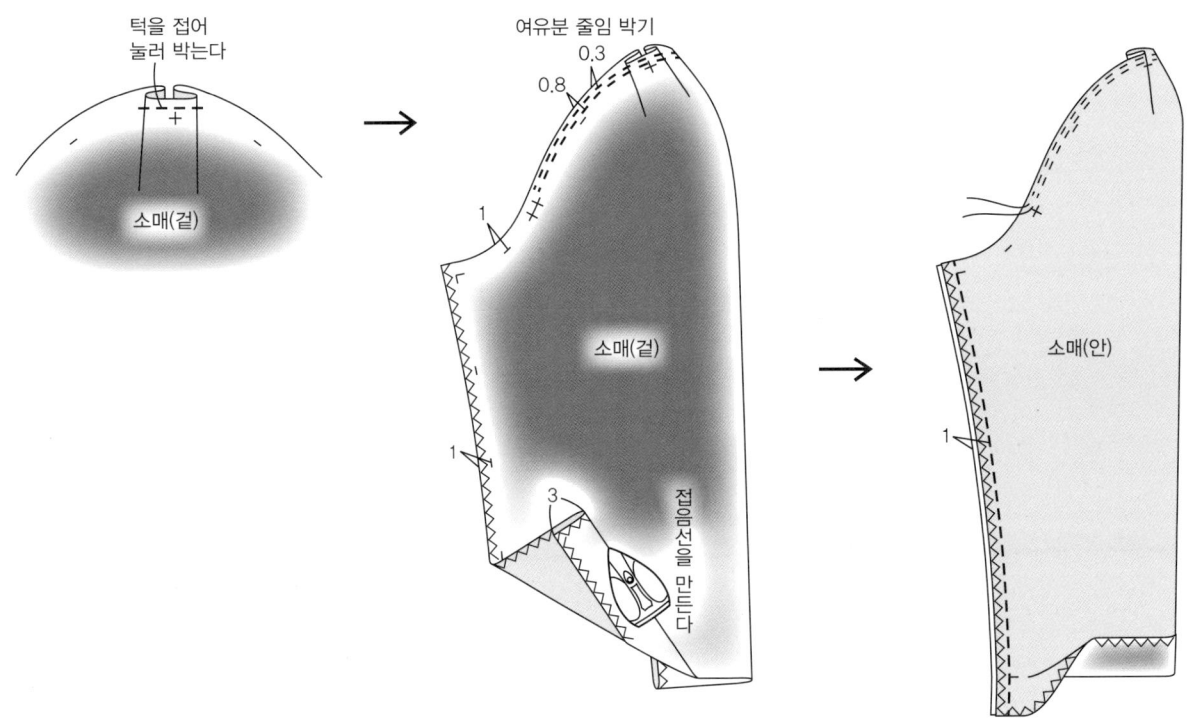

9   소맷부리를 감침질한다.

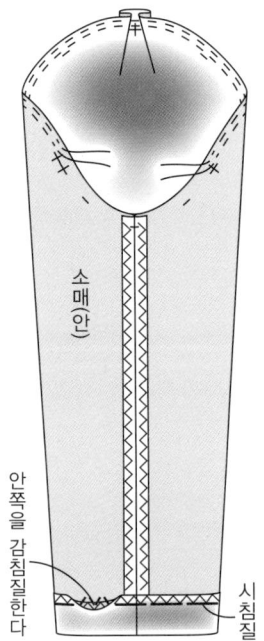

$Tips$ 만드는 법 *Silhouette no.2* **I**

긴장감 있게 전체 실루엣을 조여주는 날씬한 I라인.
허리 주위에 적당히 여유를 살린 패턴이 특징이다.

I⁶

I1 I라인 무릎 아래 길이 + V넥 + 슬리브리스 드레스 (사진 P.16)

필요한 패턴
(붉은색 면: 7호, 감색 면: 9호, 녹색 면: 11호, 갈색 면: 13호, 각 면: 5호)

앞(몸판과 스커트를 맞댄다), 앞 옆, 뒤(몸판과 스커트를 맞댄다), 뒤 옆, 앞 안단, 뒤 안단

재료
겉감(리넨) … 110cm 폭
2.2m(5·7·9호), 2.3m(11·13호)
접착심지(앞뒤 안단, 벤트) … 90cm 폭 60cm
늘어짐 방지 테이프(앞뒤 목둘레) … 1.2cm 폭 90cm
숨김 지퍼 … 56cm 1개
고리단추 … 1쌍

준비
· 앞뒤 안단, 벤트에 접착심지를 붙인다.
· 목둘레에 늘어짐 방지 테이프를 붙인다(p.51 참조).
· 몸판 이음선, 옆, 뒤 중심, 밑단, 안단 끝에 오버로크(또는 지그재그 박기).

만드는 법
1. 뒤 중심의 트임 끝에서 벤트 끝까지 박는다.
2. 벤트를 만든다.
3. 숨김 지퍼를 단다(p.37 참조).
4. 앞뒤 이음선을 박는다(시접은 가른다).
5. 옆을 박는다(시접은 가른다. p.38 참조).
6. 몸판 어깨, 안단 어깨와 옆을 박는다(시접은 가른다. p.38 참조).
7. 몸판과 안단을 겉끼리 맞대어 목둘레를 박아 뒤집고, 안단과 시접만 스티치로 누른다(p.51 참조).
8. 진동 둘레를 박아 뒤집는다.
9. 밑단을 1번 접어 감침질한다(p.41 참조).
10. 안단을 지퍼에 감침질하고, 고리단추를 단다. 몸판 옆 시접에 안단 끝을 감침질한다(p.41 참조).

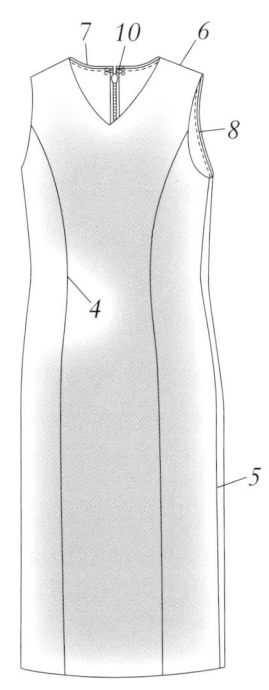
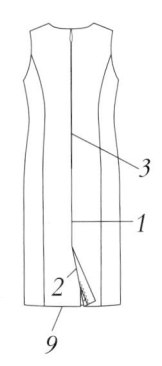
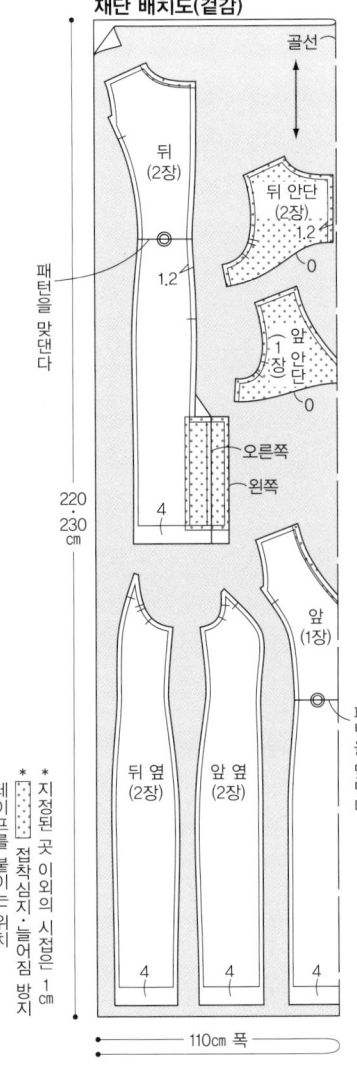

완성 치수					(단위는 cm)
사이즈	5호	7호	9호	11호	13호
가슴둘레	83	87	91	95	99
허리둘레	70	74	78	82	86
엉덩이둘레	91	95	99	103	107
옷 길이(무릎 아래 길이)	94	94	98	98	102

준비

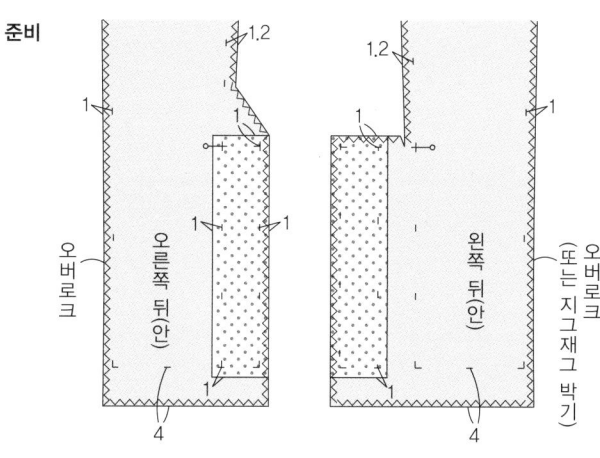

1 뒤 중심의 트임 끝에서 벤트 끝까지 박는다.

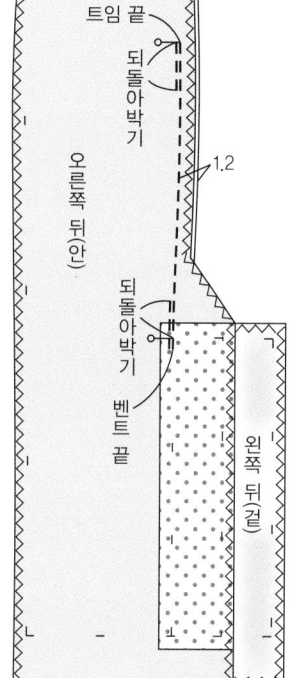

2 벤트를 만든다.

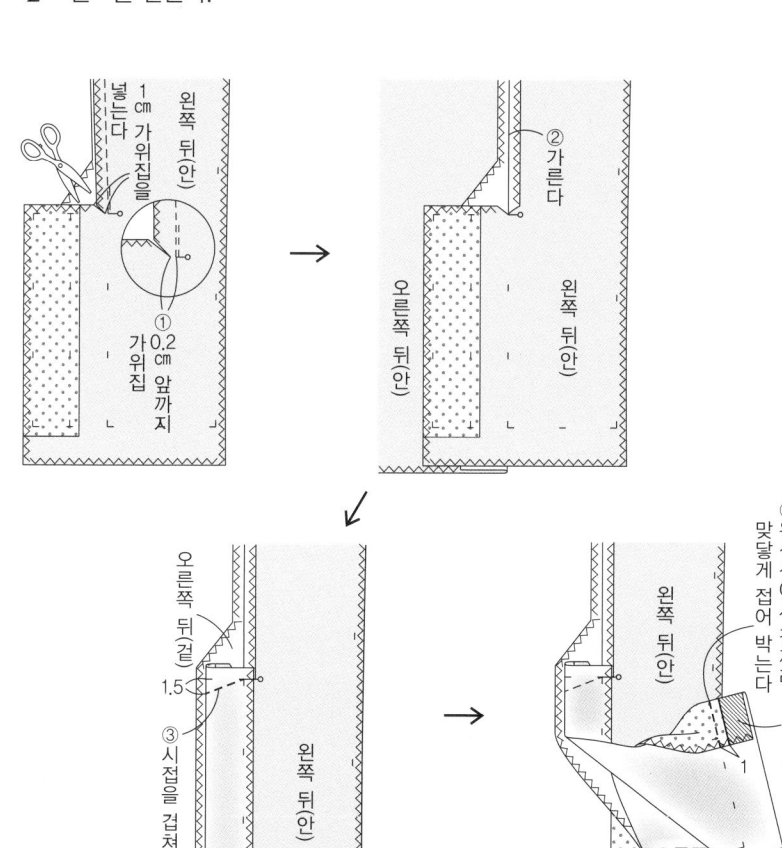

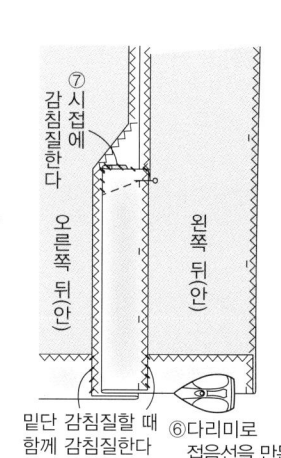

4 앞뒤 이음선을 박는다
 (시접은 가른다).

8 진동 둘레를 박아 뒤집는다.

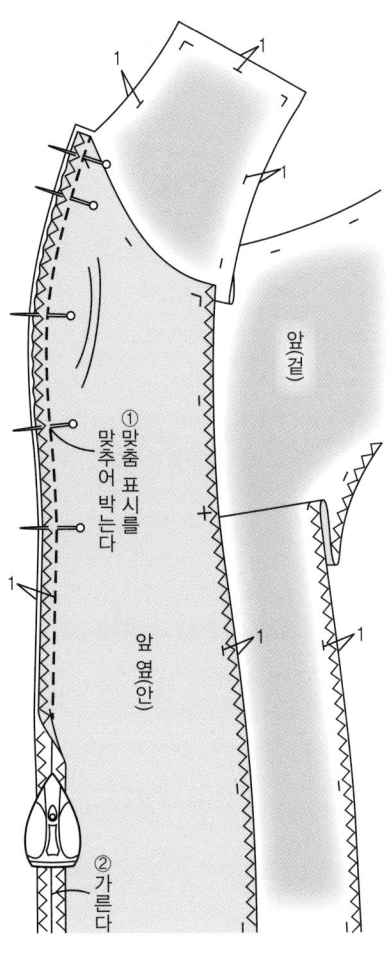
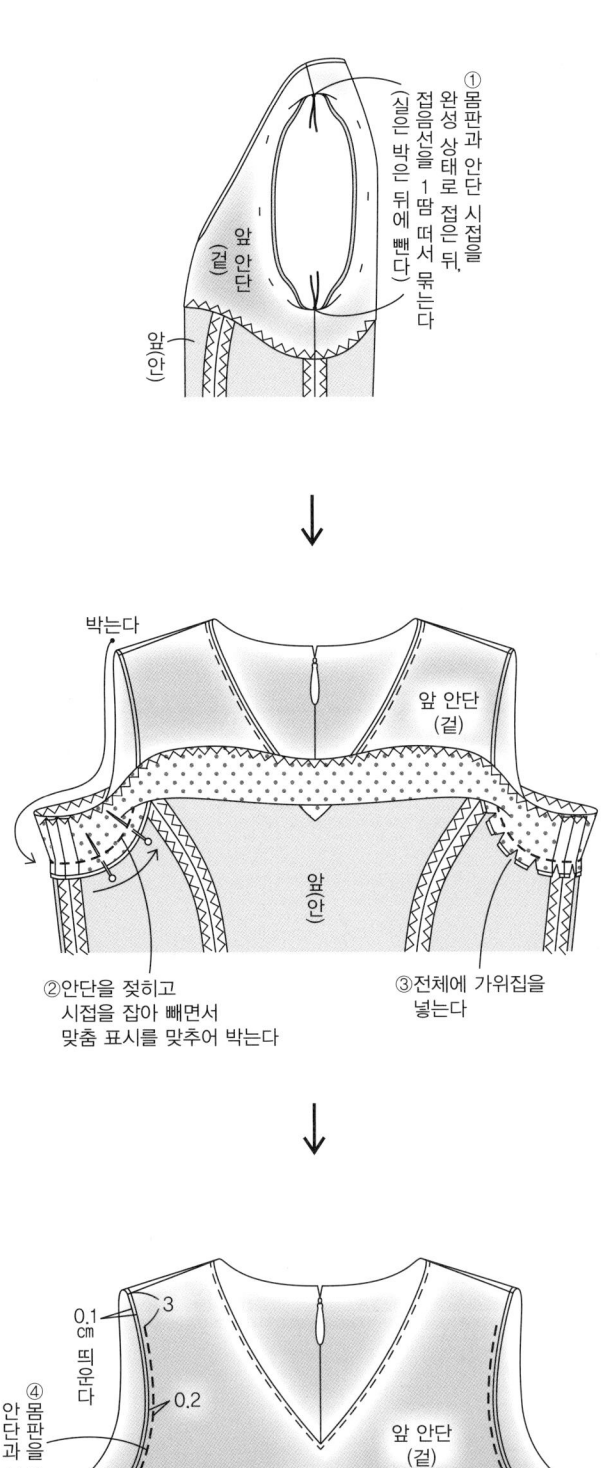

I² I라인 무릎 아래 길이 + 라운드넥 + 캡 슬리브 드레스 (사진 P.17)

필요한 패턴
(붉은색 면: 7호, 감색 면: 9호, 녹색 면: 11호, 갈색 면: 13호, 각 면: 5호)

앞(몸판과 스커트를 맞댄다), 앞 옆, 뒤(몸판과 스커트를 맞댄다), 뒤 옆, 소매(캡 슬리브), 앞 안단, 뒤 안단

재료

겉감(그로그램)…148cm 폭
1.7m(5·7·9호), 1.8m(11·13호)
접착심지(앞뒤 안단, 벤트)…90cm 폭 60cm
늘어짐 방지 테이프(앞뒤 목둘레)…1.2cm 폭 70cm
숨김 지퍼…56cm 1개
고리단추…1쌍

준비

- 앞뒤 안단, 벤트에 접착심지를 붙인다(p.57 참조).
- 목둘레에 늘어짐 방지 테이프를 붙인다.
- 몸판 이음선, 옆, 뒤 중심, 밑단, 소맷부리, 안단 끝에 오버로크(또는 지그재그 박기).

만드는 법

1. 뒤 중심의 트임 끝에서 벤트 끝까지 박는다(시접은 가른다. p.57 참조).
2. 벤트를 만든다(p.57 참조).
3. 숨김 지퍼를 단다(p.37 참조).
4. 앞뒤 이음선을 박는다(시접은 가른다. p.58 참조).
5. 옆을 박는다(시접은 가른다. p.38 참조).
6. 몸판 어깨, 안단 어깨와 옆을 박는다(시접은 가른다. p.38 참조).
7. 몸판과 안단을 겉끼리 맞대어 목둘레를 박아 뒤집고, 안단과 시접만 스티치로 누른다(p.39 참조).
8. 몸판과 안단을 겉끼리 맞대어 진동 둘레 아래를 박아 뒤집는다. 소매 다는 끝에서 시접을 반대쪽으로 꺼내 진동 둘레 아래의 안단과 시접만 스티치로 누른다(p.40 참조).
9. 소매산의 다트를 박고(시접은 뒤쪽으로 눕힌다), 소매산에 여유분 줄임 박기를 한다. 소맷부리를 1번 접어 감침질한다(p.40 참조).
10. 소매를 단다(3장 함께 오버로크. 시접은 소매 쪽으로 눕힌다). 아래쪽 시접 끝을 젖혀 안단에 감침질한다(p.41 참조).
11. 밑단을 1번 접어 감침질한다(p.41 참조).
12. 안단을 지퍼에 감침질하고, 고리단추를 단다. 몸판 옆 시접에 안단 끝을 감침질한다(p.41 참조).

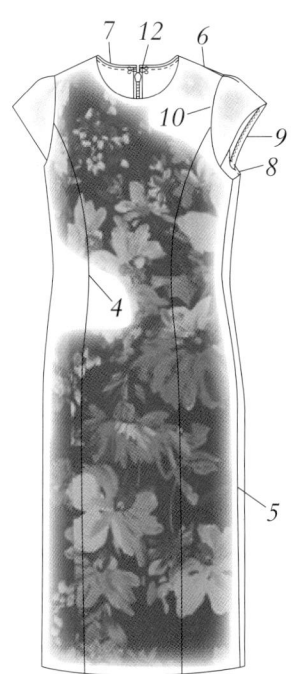

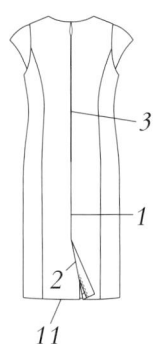

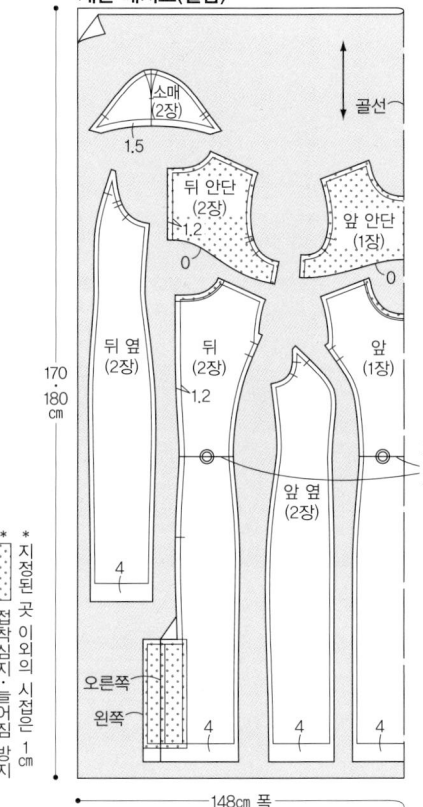

완성 치수					(단위는 cm)
사이즈	5호	7호	9호	11호	13호
가슴둘레	83	87	91	95	99
허리둘레	70	74	78	82	86
엉덩이둘레	91	95	99	103	107
소매길이	10	10	10	10.5	11
옷 길이(무릎 아래 길이)	94	94	98	98	102

I3 I라인 무릎 아래 길이 + 라운드넥 + 7부 길이 와이드 슬리브 드레스 (사진 P.18)

필요한 패턴
(붉은색 면: 7호, 감색 면: 9호, 녹색 면: 11호, 갈색 면: 13호, 각 면: 5호)

앞(몸판과 스커트를 맞댄다), 앞 옆, 뒤(몸판과 스커트를 맞댄다), 뒤 옆, 앞 소매(와이드 슬리브·7부 길이), 뒤 소매(와이드 슬리브·7부 길이), 앞 안단, 뒤 안단

재료
겉감(그로그랭) … 148cm 폭
2m(5·7·9호), 2.1m(11·13호)
접착심지(앞뒤 안단, 벤트) … 90cm 폭 60cm
늘어짐 방지 테이프(앞뒤 목둘레) … 1.2cm 폭 70cm
숨김 지퍼 … 56cm 1개
고리단추 … 1쌍

준비
· 뒤 안단, 벤트에 접착심지를 붙인다(p.57 참조).
· 목둘레에 늘어짐 방지 테이프를 붙인다.
· 몸판 이음선, 옆, 뒤 중심, 밑단, 소매 이음선, 소매 밑, 소맷부리, 안단 끝에 오버로크(또는 지그재그 박기)한다.

만드는 법
1. 뒤 중심의 트임 끝에서 벤트 끝까지 박는다(시접은 가른다. p.57 참조).
2. 벤트를 만든다(p.57 참조).
3. 숨김 지퍼를 단다(p.37 참조).
4. 앞뒤 이음선을 박는다(시접은 가른다. p.58 참조).
5. 옆을 박는다(시접은 가른다. p.38 참조).
6. 몸판 어깨, 안단 어깨와 옆을 박는다(시접은 가른다. p.38 참조).
7. 몸판과 안단을 겉끼리 맞대어 목둘레를 박아 뒤집고, 안단과 시접만 스티치로 누른다(p.39 참조).
8. 소매 이음선을 슬릿 끝까지 박는다(시접은 가른다). 소매산에 여유분 줄임 박기를 하고, 소맷부리를 다리미로 접는다(p.43 참조).
9. 접은 소맷부리를 펴서 소매 밑을 박는다(시접은 가른다. p.43 참조).
10. 소맷부리, 슬릿을 감침질한다(p.43 참조).
11. 소매를 단다(3장 함께 오버로크. 시접은 소매 쪽으로 눕힌다. p.43 참조).
12. 밑단을 1번 접어 감침질한다(p.41 참조).
13. 안단을 지퍼에 감침질하고, 고리단추를 단다. 몸판 옆 시접에 안단 끝을 감침질한다(p.41 참조).

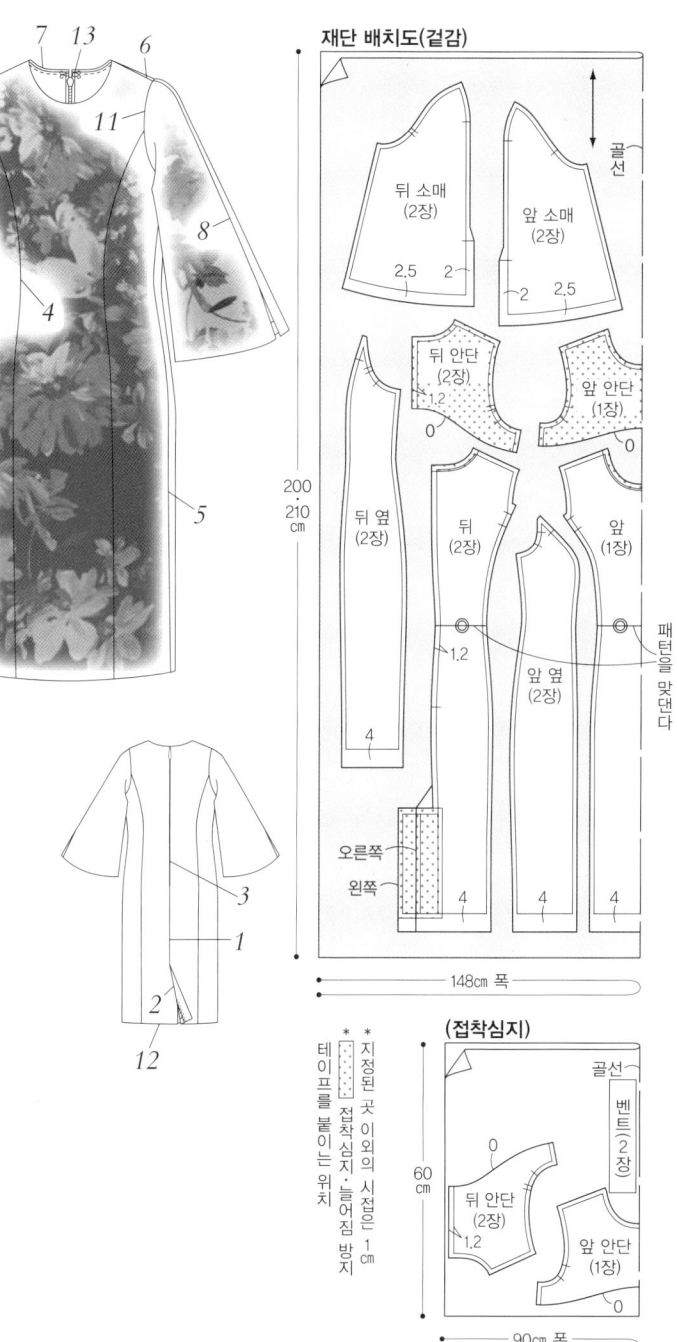

완성 치수 (단위는 cm)

사이즈	5호	7호	9호	11호	13호
가슴둘레	83	87	91	95	99
허리둘레	70	74	78	82	86
엉덩이둘레	91	95	99	103	107
소매길이(7부 길이)	44	44	46	46	48
옷 길이(무릎 아래 길이)	94	94	98	98	102

I-4   I라인 무릎 아래 길이 + V넥 + 7부 길이 타이트 슬리브 드레스 (사진 P.19)

필요한 패턴
(붉은색 면: 7호, 감색 면: 9호, 녹색 면: 11호, 갈색 면: 13호, 각 면: 5호)

앞(몸판과 스커트를 맞댄다), 앞 옆, 뒤(몸판과 스커트를 맞댄다), 뒤 옆, 소매(타이트 슬리브), 앞 안단, 뒤 안단

재료

겉감(울) …143cm 폭
2.1m(5·7·9호), 2.2m(11·13호)
접착심지(앞뒤 안단, 벤트) …90cm 폭 60cm
늘어짐 방지 테이프(앞뒤 목둘레) …1.2cm 폭 90cm
숨김 지퍼 …56cm 1개
고리단추 …1쌍

준비

- 앞뒤 안단, 벤트에 접착심지를 붙인다(p.57 참조).
- 목둘레에 늘어짐 방지 테이프를 붙인다(p.51 참조).
- 몸판 이음선, 옆, 뒤 중심, 밑단, 소매 밑, 소맷부리, 안단 끝에 오버로크(또는 지그재그 박기).

만드는 법

1. 뒤 중심의 트임 끝에서 벤트 끝까지 박는다(시접은 가른다. p.57 참조).
2. 벤트를 만든다(p.57 참조).
3. 숨김 지퍼를 단다(p.37 참조).
4. 앞뒤 이음선을 박는다(시접은 가른다. p.58 참조).
5. 옆을 박는다(시접은 가른다. p.38 참조).
6. 몸판 어깨, 안단 어깨와 옆을 박는다(시접은 가른다. p.38 참조).
7. 몸판과 안단을 겉끼리 맞대어 목둘레를 박아 뒤집고, 안단과 시접만 스티치로 누른다(p.51 참조).
8. 소매산에 턱을 접어 임시 고정한다. 소매산에 여유분 줄임 박기를 하고, 소맷부리를 다리미로 접는다. 소매 밑을 슬릿 끝까지 박고(시접은 가른다), 슬릿을 만든다(p.45 참조).
9. 소맷부리를 감침질한다(p.45 참조).
10. 소매를 단다(3장 함께 오버로크. 시접은 소매 쪽으로 눕힌다. p.43 참조).
11. 밑단을 1번 접어 감침질한다(p.41 참조).
12. 안단을 지퍼에 감침질하고, 고리단추를 단다. 몸판 옆 시접에 안단 끝을 감침질한다(p.41 참조).

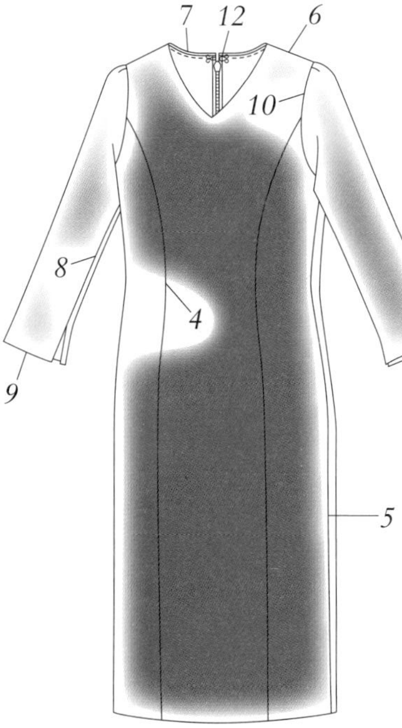

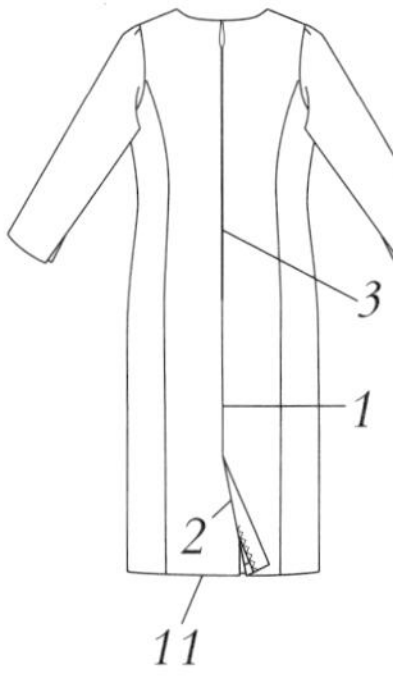

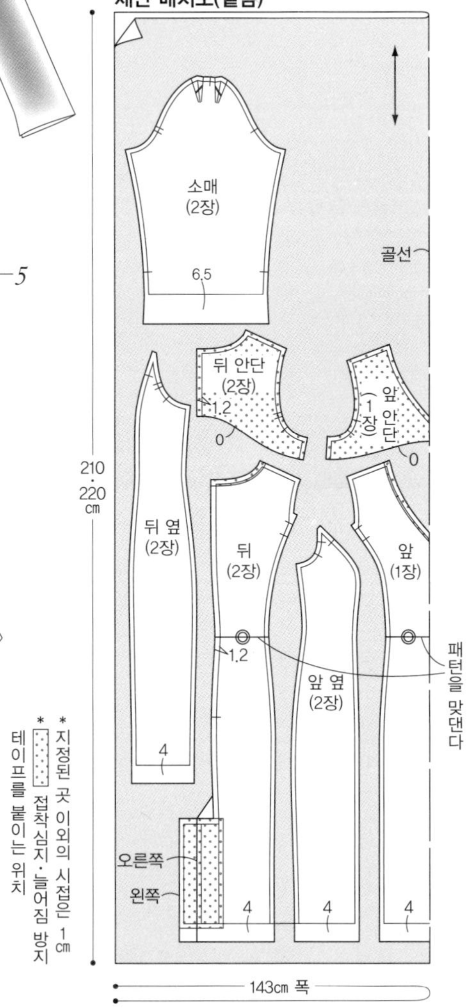

완성 치수 (단위는 cm)

사이즈	5호	7호	9호	11호	13호
가슴둘레	83	87	91	95	99
허리둘레	70	74	78	82	86
엉덩이둘레	91	95	99	103	107
소매길이(7부 길이)	45	45	47	47	49
옷 길이(무릎 아래 길이)	94	94	98	98	102

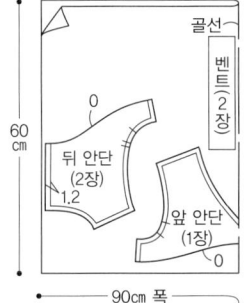

Silhouette no.2

I 5 I라인 무릎 아래 길이 + 보트넥 + 7부 길이 와이드 슬리브 드레스 (사진 P.20)

필요한 패턴
(붉은색 면: 7호, 감색 면: 9호, 녹색 면: 11호, 갈색 면: 13호, 각 면: 5호)

앞(몸판과 스커트를 맞댄다), 앞 옆, 뒤(몸판과 스커트를 맞댄다), 뒤 옆, 앞 소매(와이드 슬리브·7부 길이), 뒤 소매(와이드 슬리브·7부 길이), 앞 소맷부리 이음, 뒤 소맷부리 이음, 앞 안단, 뒤 안단

재료

겉감(앞, 뒤, 소매, 앞뒤 안단 = 울 캐멀) …143cm 폭 1.5m(5·7·9호), 1.7m(11·13호)
(앞 옆, 뒤 옆, 소맷부리 이음 = 울 검은색)
…143cm 폭 1.1m(사이즈 공통)
접착심지(앞뒤 안단, 벤트) …90cm 폭 60cm
늘어짐 방지 테이프(앞뒤 목둘레) …1.2cm 폭 80cm
숨김 지퍼 …56cm 1개
고리단추 …1쌍

준비
· 앞뒤 안단, 벤트에 접착심지를 붙인다(p.57 참조).
· 목둘레에 늘어짐 방지 테이프를 붙인다.
· 몸판 이음선, 옆, 뒤 중심, 밑단, 소매 이음선, 소매 밑, 소맷부리, 안단 끝에 오버로크(또는 지그재그 박기).

만드는 법
1 뒤 중심의 트임 끝에서 벤트 끝까지 박는다(시접은 가른다. p.57 참조).
2 벤트를 만든다(p.57 참조).
3 숨김 지퍼를 단다(p.37 참조).
4 앞뒤 이음선을 박는다(시접은 가른다. p.58 참조).
5 옆을 박는다(시접은 가른다. p.38 참조).
6 몸판 어깨, 안단 어깨와 옆을 박는다(시접은 가른다. p.38 참조).
7 몸판과 안단을 겉끼리 맞대어 목둘레를 박아 뒤집고, 안단과 시접만 스티치로 누른다(p.39 참조).
8 소맷부리 이음선을 박는다(시접은 가른다).
9 소매 이음선을 슬릿 끝까지 박는다(시접은 가른다). 소매산에 여유분 줄임 박기를 하고, 소맷부리를 다리미로 접는다.
10 접은 소맷부리를 펴서 소매 밑을 박는다(시접은 가른다).
11 소맷부리, 슬릿을 감침질한다.
12 소매를 단다(3장 함께 오버로크. 시접은 소매 쪽으로 눕힌다).
13 밑단을 1번 접어 감침질한다(p.41 참조).
14 안단을 지퍼에 감침질하고, 고리단추를 단다. 몸판 옆 시접에 안단 끝을 감침질한다(p.41 참조).

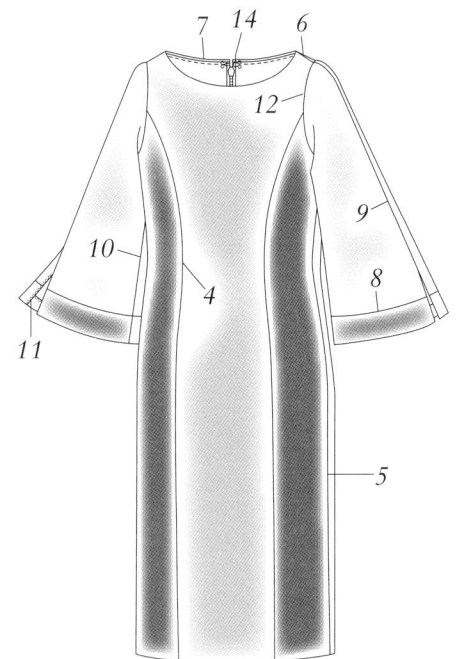

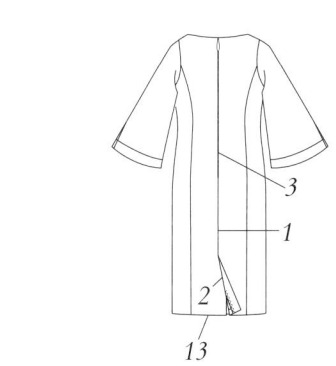

완성 치수					(단위는 cm)
사이즈	5호	7호	9호	11호	13호
가슴둘레	83	87	91	95	99
허리둘레	70	74	78	82	86
엉덩이둘레	91	95	99	103	107
소매길이(7부 길이)	44	44	46	46	48
옷 길이(무릎 아래 길이)	94	94	98	98	102

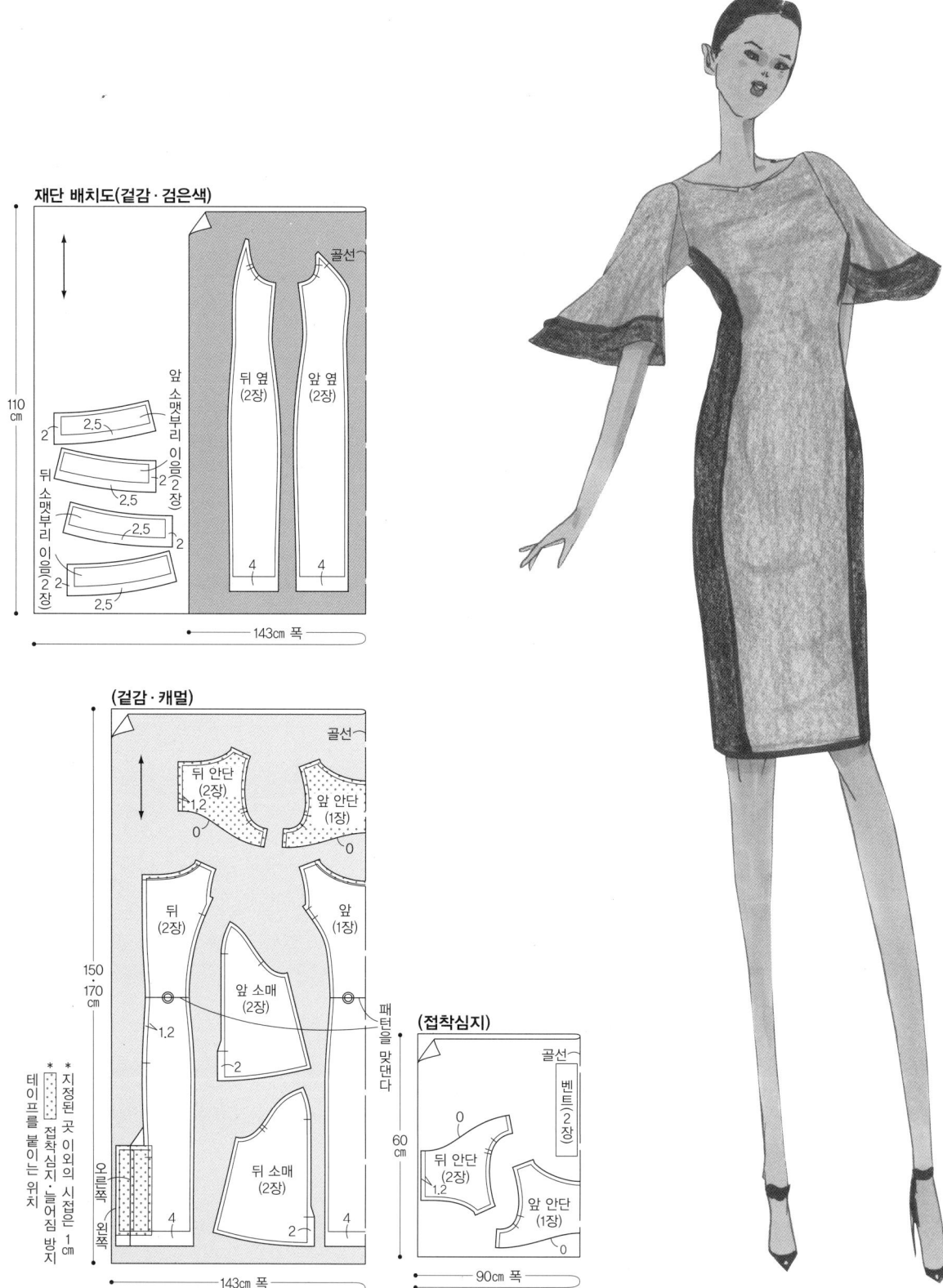

8, 9 소맷부리 이음선을 박는다(시접은 가른다).
소매 이음선을 슬릿 끝까지 박는다(시접은 가른다).
소매산에 여유분 줄임 박기를 하고,
소맷부리를 다리미로 접는다.

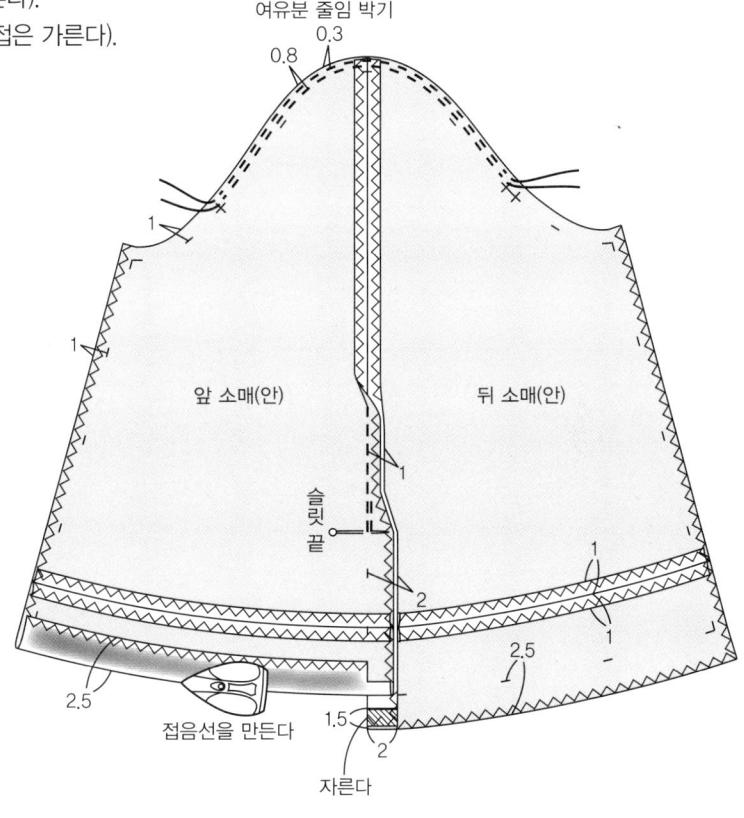

10, 11 접은 소맷부리를 펴서 소매 밑을 박는다
(시접은 가른다).
소맷부리, 슬릿을 감침질한다.

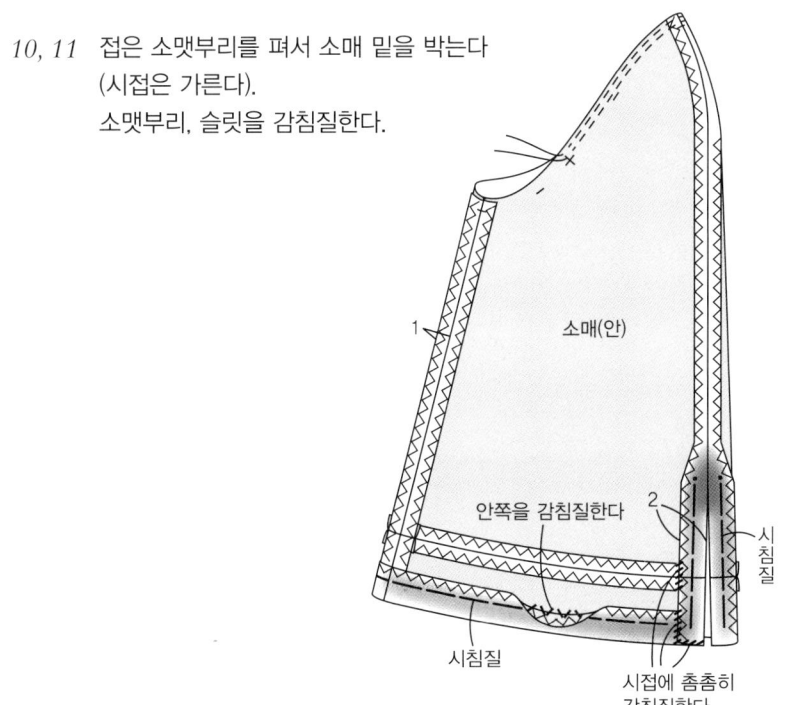

I 6 I라인 무릎 아래 길이 + 보트넥 + 7부 길이 와이드 슬리브 드레스 (사진 P.21)

필요한 패턴
(붉은색 면: 7호, 감색 면: 9호, 녹색 면: 11호, 갈색 면: 13호, 각 면: 5호)

앞(몸판과 스커트를 맞댄다), 앞 옆, 뒤(몸판과 스커트를 맞댄다), 뒤 옆, 앞 소매(와이드 슬리브·7부 길이), 뒤 소매(와이드 슬리브·7부 길이), 앞 안단, 뒤 안단

재료
겉감(울)…143cm 폭
2m(5·7·9호), 2.1m(11·13호)
접착심지(앞뒤 안단, 벤트)…90cm 폭 60cm
늘어짐 방지 테이프(앞뒤 목둘레)…1.2cm 폭 80cm
숨김 지퍼…56cm 1개
고리단추…1쌍

준비
· 앞뒤 안단, 벤트에 접착심지를 붙인다.
· 목둘레에 늘어짐 방지 테이프를 붙인다.
· 몸판 이음선, 옆, 뒤 중심, 밑단, 소매 이음선, 소매 밑, 소맷부리, 안단 끝에 오버로크(또는 지그재그 박기).

만드는 법
1. 뒤 중심의 트임 끝에서 벤트 끝까지 박는다(시접은 가른다. p.57 참조).
2. 벤트를 만든다(p.57 참조).
3. 숨김 지퍼를 단다(p.37 참조).
4. 앞뒤 이음선을 박는다(시접은 가른다. p.58 참조).
5. 옆을 박는다(시접은 가른다. p.38 참조).
6. 몸판 어깨, 안단 어깨와 옆을 박는다(시접은 가른다. p.38 참조).
7. 몸판과 안단을 겉끼리 맞대어 목둘레를 박아 뒤집고, 안단과 시접만 스티치로 누른다(p.39 참조).
8. 소매 이음선을 슬릿 끝까지 박는다(시접은 가른다). 소매산에 여유분 줄임 박기를 하고, 소맷부리를 다리미로 접는다(p.43 참조).
9. 접은 소맷부리를 펴서 소매 밑을 박는다(시접은 가른다. p.43 참조).
10. 소맷부리, 슬릿을 감침질한다(p.43 참조).
11. 소매를 단다(3장 함께 오버로크. 시접은 소매 쪽으로 눕힌다. p.43 참조).
12. 밑단을 1번 접어 감침질한다(p.41 참조).
13. 안단을 지퍼에 감침질하고, 고리단추를 단다. 몸판 옆 시접에 안단 끝을 감침질한다(p.41 참조).

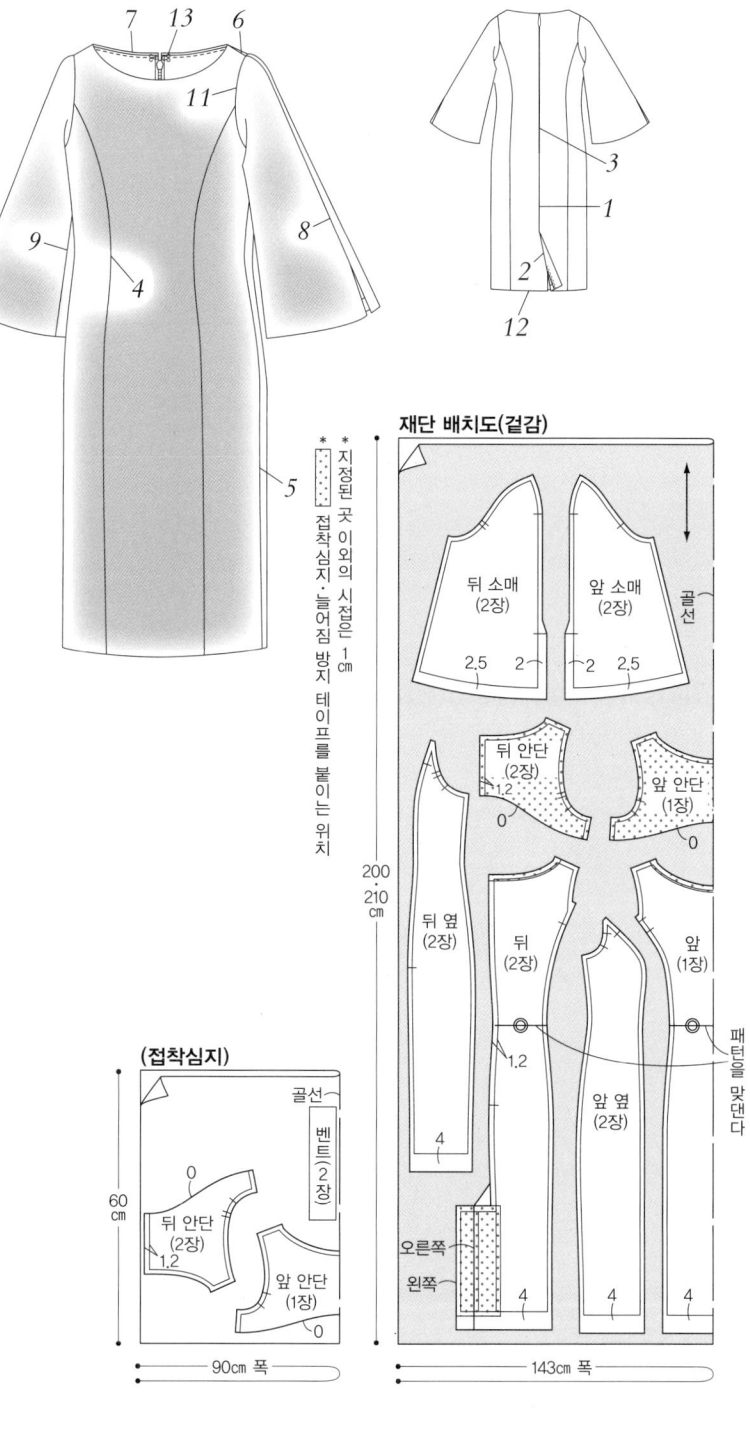

완성 치수 (단위는 cm)

사이즈	5호	7호	9호	11호	13호
가슴둘레	83	87	91	95	99
허리둘레	70	74	78	82	86
엉덩이둘레	91	95	99	103	107
소매길이(7부 길이)	44	44	46	46	48
옷 길이(무릎 아래 길이)	94	94	98	98	102

우아함의 대명사인 X라인은
상반신이 깔끔하게 보이도록 스커트 부분에
플레어를 풍성하게 넣었다.

Silhouette no.3

X¹ X라인 무릎 길이 + 보트넥 + 슬리브리스 드레스 (사진 P.24)

필요한 패턴
(붉은색 면: 7호, 감색 면: 9호, 녹색 면: 11호, 갈색 면: 13호, 각 면: 5호)

앞(몸판과 스커트를 맞댄다), 앞 옆, 뒤(몸판과 스커트를 맞댄다), 뒤 옆, 앞 안단, 뒤 안단

재료
겉감(리넨) … 145cm 폭 2.4m
접착심지(앞뒤 안단) … 90cm 폭 40cm
늘어짐 방지 테이프(앞뒤 목둘레) … 1.2cm 폭 80cm
숨김 지퍼 … 56cm 1개
고리단추 … 1쌍

준비
· 앞뒤 안단에 접착심지를 붙인다.
· 목둘레에 늘어짐 방지 테이프를 붙인다.
· 몸판 이음선, 옆, 뒤 중심, 밑단, 안단 끝에 오버로크(또는 지그재그 박기).

만드는 법
1 뒤 중심의 트임 끝에서 밑단까지 박는다(시접은 가른다. p.37 참조).
2 숨김 지퍼를 단다(p.37 참조).
3 앞뒤 이음선을 박는다(시접은 가른다. p.58 참조).
4 옆을 박는다(시접은 가른다. p.38 참조).
5 몸판 어깨, 안단 어깨와 옆을 박는다(시접은 가른다. p.38 참조).
6 몸판과 안단을 겉끼리 맞대어 목둘레를 박아 뒤집고, 안단과 시접만 스티치로 누른다(p.39 참조).
7 진동 둘레를 박아 뒤집는다(p.58 참조).
8 밑단을 1번 접어 감침질한다(p.41 참조).
9 안단을 지퍼에 감침질하고, 고리단추를 단다. 몸판 옆 시접에 안단 끝을 감침질한다(p.41 참조).

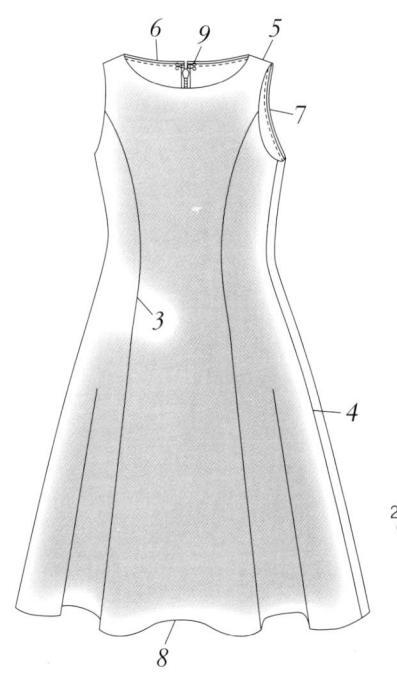

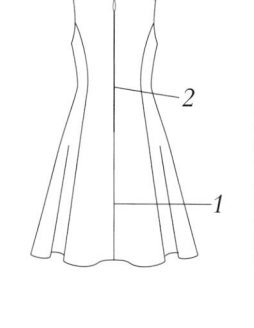

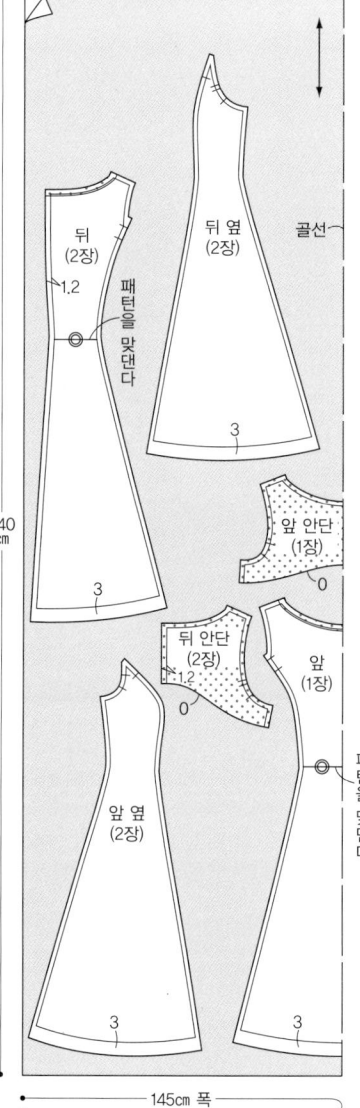

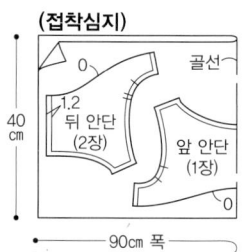

완성 치수					(단위는 cm)
사이즈	5호	7호	9호	11호	13호
가슴둘레	83	87	91	95	99
허리둘레	70	74	78	82	86
엉덩이둘레	137	141	145	149	153
옷 길이(무릎 길이)	90	90	94	94	98

Silhouette no.3

X라인 무릎 길이 + 라운드넥 + 캡 슬리브 드레스 (사진 P.25)

필요한 패턴
(붉은색 면: 7호, 감색 면: 9호, 녹색 면: 11호, 갈색 면: 13호, 각 면: 5호)

앞(몸판과 스커트를 맞댄다), 앞 옆, 뒤(몸판과 스커트를 맞댄다), 뒤 옆, 소매(캡 슬리브), 앞 안단, 뒤 안단

재료
겉감(앞, 뒤, 앞뒤 안단 = 그로그랭 베이지)
…148cm 폭 1.4m
(앞 옆, 뒤 옆, 소매 = 그로그랭 꽃무늬)
…148cm 폭 1.5m
접착심지(앞뒤 안단) …90cm 폭 40cm
늘어짐 방지 테이프(앞뒤 목둘레) …1.2cm 폭 70cm
숨김 지퍼 …56cm 1개
고리단추 …1쌍

준비
· 앞뒤 안단에 접착심지를 붙인다.
· 목둘레에 늘어짐 방지 테이프를 붙인다.
· 몸판 이음선, 옆, 뒤 중심, 밑단, 소맷부리, 안단 끝에 오버로크(또는 지그재그 박기).

만드는 법
1. 뒤 중심의 트임 끝에서 밑단까지 박는다(시접은 가른다. p.37 참조).
2. 숨김 지퍼를 단다(p.37 참조).
3. 앞뒤 이음선을 박는다(시접은 가른다. p.58 참조).
4. 옆을 박는다(시접은 가른다. p.38 참조).
5. 몸판 어깨, 안단 어깨와 옆을 박는다(시접은 가른다. p.38 참조).
6. 몸판과 안단을 겉끼리 맞대어 목둘레를 박아 뒤집고, 안단과 시접만 스티치로 누른다(p.39 참조).
7. 몸판과 안단을 겉끼리 맞대어 진동 둘레 아래를 박아 뒤집는다. 소매 다는 끝에서 시접을 반대쪽으로 꺼내, 진동 둘레 아래의 안단과 시접만 스티치로 누른다(p.40 참조).
8. 소매산의 다트를 박고(시접은 뒤쪽으로 눕힌다), 소매산에 여유분 줄임 박기를 한다. 소맷부리를 1번 접어 감침질한다(p.40 참조).
9. 소매를 단다(3장 함께 오버로크. 시접은 소매 쪽으로 눕힌다). 아래쪽 시접 끝을 젖혀 안단에 감침질한다(p.41 참조).
10. 밑단을 1번 접어 감침질한다(p.41 참조).
11. 안단을 지퍼에 감침질하고, 고리단추를 단다. 몸판 옆 시접에 안단 끝을 감침질한다(p.41 참조).

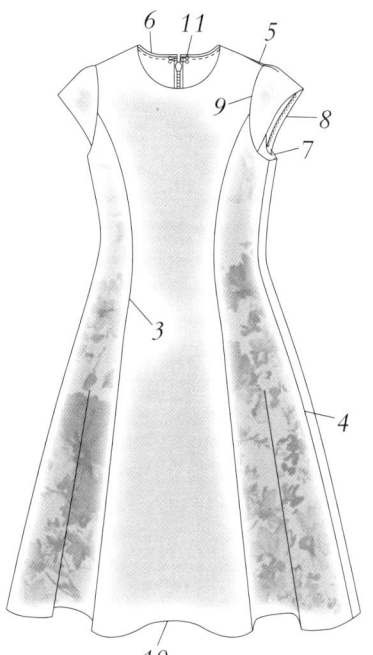

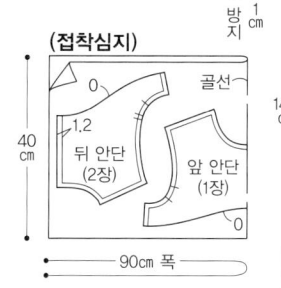

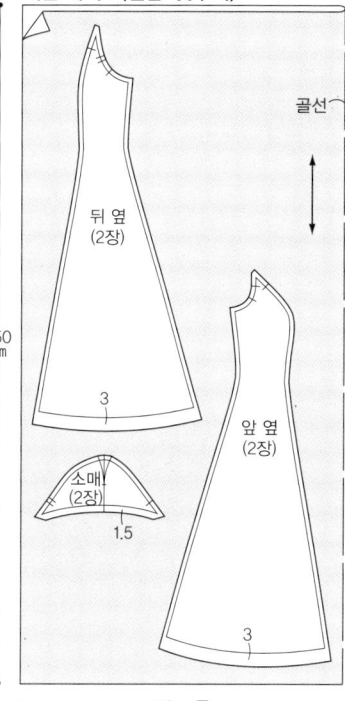

완성 치수					(단위는 cm)
사이즈	5호	7호	9호	11호	13호
가슴둘레	83	87	91	95	99
허리둘레	70	74	78	82	86
엉덩이둘레	137	141	145	149	153
소매길이	10	10	10	10.5	11
옷 길이(무릎 길이)	90	90	94	94	98

X³ X라인 무릎 길이 + V넥 + 캡 슬리브 드레스 (사진 P.26)

필요한 패턴
(붉은색 면: 7호, 감색 면: 9호, 녹색 면: 11호, 갈색 면: 13호, 각 면: 5호)

앞(몸판과 스커트를 맞댄다), 앞 옆, 뒤(몸판과 스커트를 맞댄다), 뒤 옆, 소매(캡 슬리브), 앞 안단, 뒤 안단

재료
겉감(면마) … 128cm 폭 2.8m
접착심지(앞뒤 안단) … 90cm 폭 40cm
늘어짐 방지 테이프(앞뒤 목둘레) … 1.2cm 폭 90cm
숨김 지퍼 … 56cm 1개
고리단추 … 1쌍

준비
· 앞뒤 안단에 접착심지를 붙인다.
· 목둘레에 늘어짐 방지 테이프를 붙인다(p.51 참조).
· 몸판 이음선, 옆, 뒤 중심, 밑단, 소맷부리, 안단 끝에 오버로크(또는 지그재그 박기).

만드는 법
1. 뒤 중심의 트임 끝에서 밑단까지 박는다(시접은 가른다. p.37 참조).
2. 숨김 지퍼를 단다(p.37 참조).
3. 앞뒤 이음선을 박는다(시접은 가른다. p.58 참조).
4. 옆을 박는다(시접은 가른다. p.38 참조).
5. 몸판 어깨, 안단 어깨와 옆을 박는다(시접은 가른다. p.38 참조).
6. 몸판과 안단을 겉끼리 맞대어 목둘레를 박아 뒤집고, 안단과 시접만 스티치로 누른다(p.51 참조).
7. 몸판과 안단을 겉끼리 맞대어 진동 둘레 아래를 박아 뒤집는다. 소매 다는 끝에서 시접을 반대쪽으로 꺼내 진동 둘레 아래의 안단과 시접만 스티치로 누른다(p.40 참조).
8. 소매산의 다트를 박고(시접은 뒤쪽으로 눕힌다), 소매산에 여유분 줄임 박기를 한다. 소맷부리를 1번 접어 감침질한다(p.40 참조).
9. 소매를 단다(3장 함께 오버로크. 시접은 소매쪽으로 눕힌다). 아래쪽 시접 끝을 젖혀 안단에 감침질한다(p.41 참조).
10. 밑단을 1번 접어 감침질한다(p.41 참조).
11. 안단을 지퍼에 감침질하고, 고리단추를 단다. 몸판 옆 시접에 안단 끝을 감침질한다(p.41 참조).

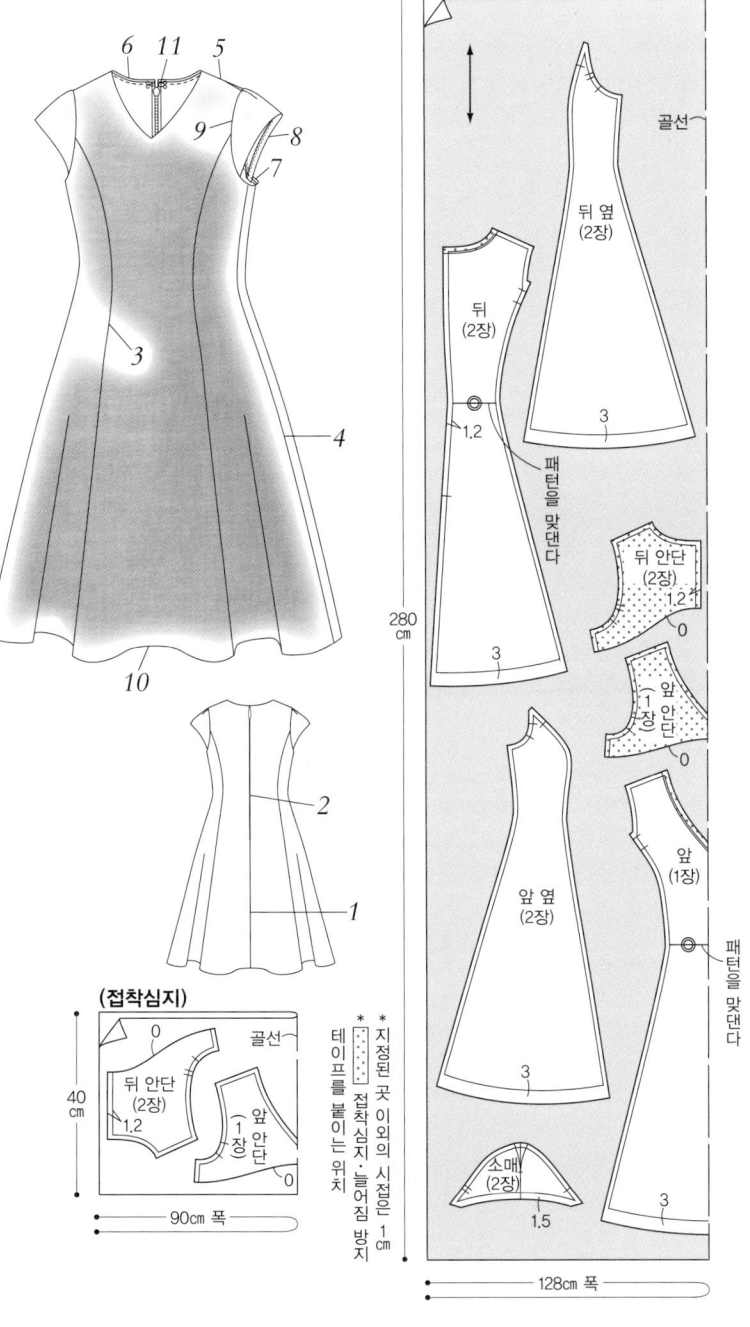

완성 치수 (단위는 cm)

사이즈	5호	7호	9호	11호	13호
가슴둘레	83	87	91	95	99
허리둘레	70	74	78	82	86
엉덩이둘레	137	141	145	149	153
소매길이	10	10	10	10.5	11
옷 길이(무릎 길이)	90	90	94	94	98

Silhouette no.3

X^4 X라인 미몰레 길이 + V넥 + 5부 길이 플레어 슬리브 드레스 (사진 P.27)

필요한 패턴
(붉은색 면: 7호, 감색 면: 9호, 녹색 면: 11호, 갈색 면: 13호, 각 면: 5호)

앞(몸판과 스커트를 맞댄다), 앞 옆, 뒤(몸판과 스커트를 맞댄다), 뒤 옆, 앞 소매(플레어 슬리브·5부 길이), 뒤 소매(플레어 슬리브·5부 길이), 앞 안단, 뒤 안단

재료
겉감(코튼) … 108cm 폭 4.4m
접착심지(앞뒤 안단) … 90cm 폭 40cm
늘어짐 방지 테이프(앞뒤 목둘레) … 1.2cm 폭 90cm
숨김 지퍼 … 56cm 1개
고리단추 … 1쌍

준비
· 앞뒤 안단에 접착심지를 붙인다.
· 목둘레에 늘어짐 방지 테이프를 붙인다(p.51 참조).
· 몸판 이음선, 옆, 뒤 중심, 밑단, 소맷부리, 안단 끝에 오버로크(또는 지그재그 박기).

만드는 법
1. 뒤 중심의 트임 끝에서 밑단까지 박는다(시접은 가른다. p.37 참조).
2. 숨김 지퍼를 단다(p.37 참조).
3. 앞뒤 이음선을 박는다(시접은 가른다. p.58 참조).
4. 옆을 박는다(시접은 가른다. p.38 참조).
5. 몸판 어깨, 안단 어깨와 옆을 박는다(시접은 가른다. p.38 참조).
6. 몸판과 안단을 겉끼리 맞대어 목둘레를 박아 뒤집고, 안단과 시접만 스티치로 누른다(p.51 참조).
7. 소매 이음선을 박는다(시접은 가른다). 소매산에 여유분 줄임 박기를 하고, 소맷부리를 다리미로 접는다(p.48 참조).
8. 접은 소맷부리를 펴서 소매 밑을 박는다(시접은 가른다. p.48 참조).
9. 소맷부리를 감침질한다(p.48 참조).
10. 소매를 단다(3장 함께 오버로크. 시접은 소매 쪽으로 눕힌다. p.43 참조).
11. 밑단을 1번 접어 감침질한다(p.41 참조).
12. 안단을 지퍼에 감침질하고, 고리단추를 단다. 몸판 옆 시접에 안단 끝을 감침질한다(p.41 참조).

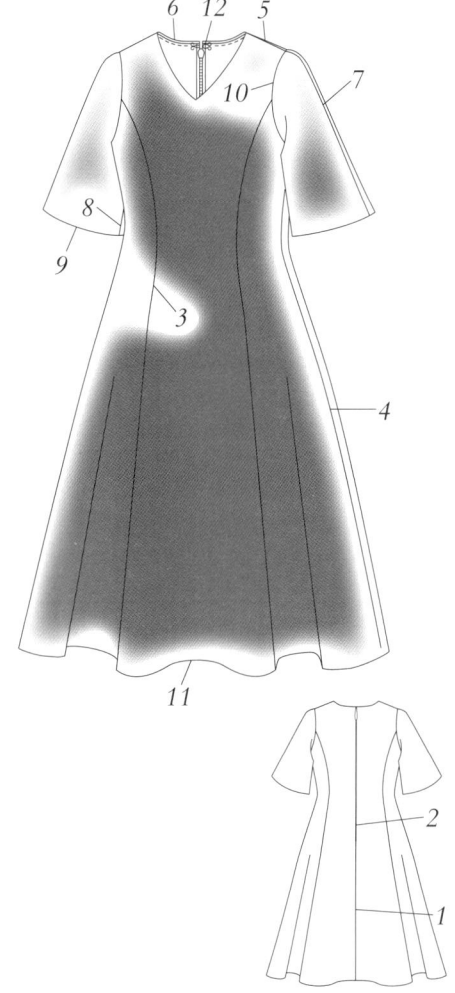

완성 치수					(단위는 cm)
사이즈	5호	7호	9호	11호	13호
가슴둘레	83	87	91	95	99
허리둘레	70	74	78	82	86
엉덩이둘레	137	141	145	149	153
소매길이(5부 길이)	29	29	30	30	31
옷 길이(미몰레 길이)	100	100	104	104	108

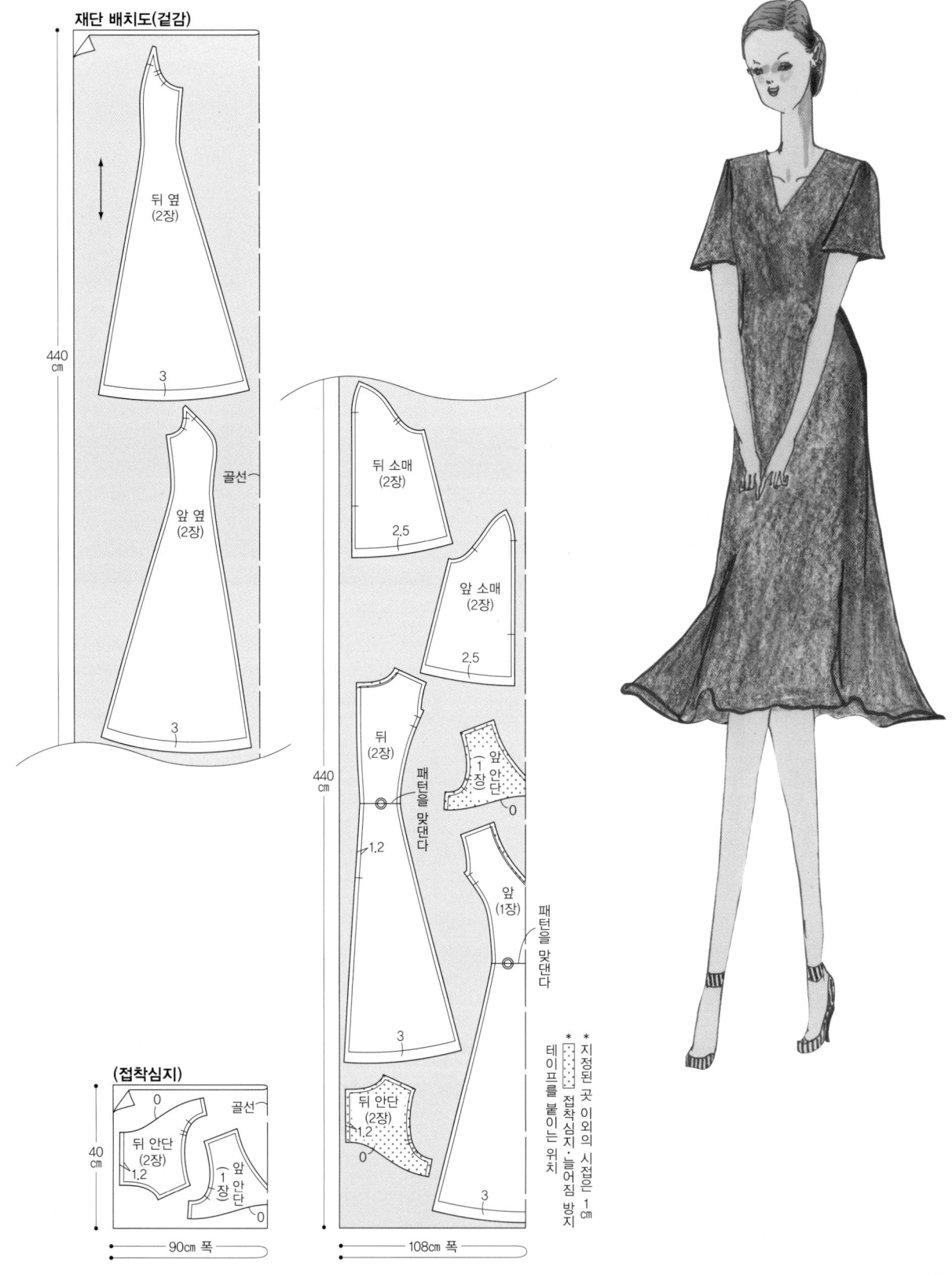

X5 X라인 무릎 길이 + 보트넥 + 7부 길이 와이드 슬리브 드레스 (사진 P.28)

필요한 패턴
(붉은색 면: 7호, 감색 면: 9호, 녹색 면: 11호, 갈색 면: 13호, 각 면: 5호)

앞(몸판과 스커트를 맞댄다), 앞 옆, 뒤(몸판과 스커트를 맞댄다), 뒤 옆, 앞 소매(와이드 슬리브·7부 길이), 뒤 소매(와이드 슬리브·7부 길이), 앞 안단, 뒤 안단

재료
겉감(그로그랭) … 145cm 폭 2.9m
접착심지(앞뒤 안단) … 90cm 폭 40cm
늘어짐 방지 테이프(앞뒤 목둘레) … 1.2cm 폭 80cm
숨김 지퍼 … 56cm 1개
고리단추 … 1쌍

준비
· 앞뒤 안단에 접착심지를 붙인다.
· 목둘레에 늘어짐 방지 테이프를 붙인다.
· 몸판 이음선, 옆, 뒤 중심, 밑단, 소매 이음선, 소매 밑, 소맷부리, 안단 끝에 오버로크(또는 지그재그 박기).

만드는 법
1 뒤 중심의 트임 끝에서 밑단까지 박는다(시접은 가른다. p.37 참조).
2 숨김 지퍼를 단다(p.37 참조).
3 앞뒤 이음선을 박는다(시접은 가른다. p.58 참조).
4 옆을 박는다(시접은 가른다. p.38 참조).
5 몸판 어깨, 안단 어깨와 옆을 박는다(시접은 가른다. p.38 참조).
6 몸판과 안단을 겉끼리 맞대어 목둘레를 박아 뒤집고, 안단과 시접만 스티치로 누른다(p.39 참조).
7 소매 이음선을 박는다(시접은 가른다). 소매산에 여유분 줄임 박기를 하고, 소맷부리를 다리미로 접는다(p.43 참조).
8 접은 소맷부리를 펴서 소매 밑을 박는다(시접은 가른다. p.43 참조).
9 소맷부리, 슬릿을 감침질한다(p.43 참조).
10 소매를 단다(3장 함께 오버로크. 시접은 소매 쪽으로 눕힌다. p.43 참조).
11 밑단을 1번 접어 감침질한다(p.41 참조).
12 안단을 지퍼에 감침질하고, 고리단추를 단다. 몸판 옆 시접에 안단 끝을 감침질한다(p.41 참조).

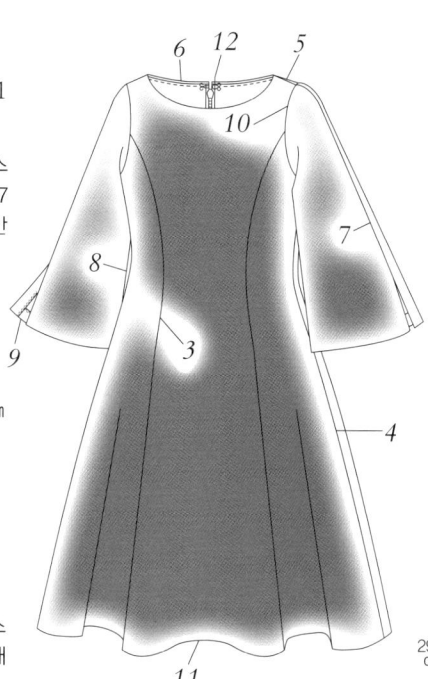

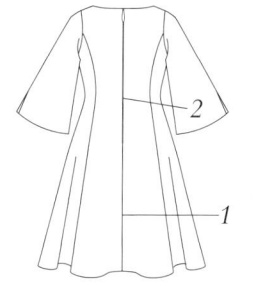

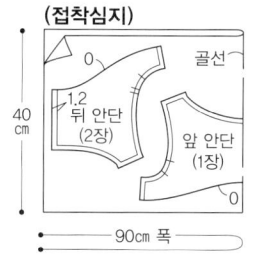

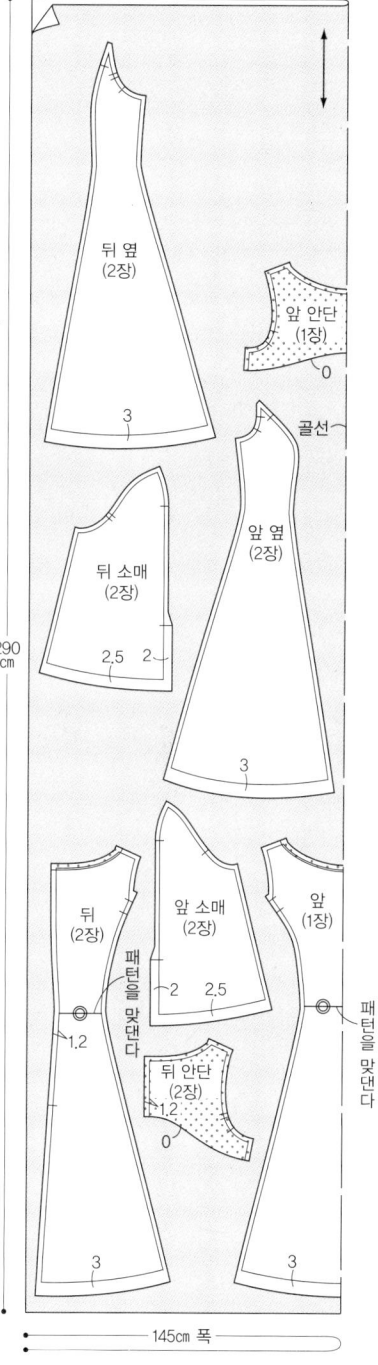

완성 치수					(단위는 cm)
사이즈	5호	7호	9호	11호	13호
가슴둘레	83	87	91	95	99
허리둘레	70	74	78	82	86
엉덩이둘레	137	141	145	149	153
소매길이(7부 길이)	44	44	46	46	48
옷 길이(무릎 길이)	90	90	94	94	98

X6 X라인 무릎 길이 + 보트넥 + 7부 길이 타이트 슬리브 드레스 (사진 P.29)

필요한 패턴
(붉은색 면: 7호, 감색 면: 9호, 녹색 면: 11호, 갈색 면: 13호, 각 면: 5호)

앞(몸판과 스커트를 맞댄다), 앞 옆, 뒤(몸판과 스커트를 맞댄다), 뒤 옆, 소매(타이트 슬리브), 앞 안단, 뒤 안단

재료

겉감(울) … 143cm 폭 2.7m
접착심지(앞뒤 안단) … 90cm 폭 40cm
늘어짐 방지 테이프(앞뒤 목둘레) … 1.2cm 폭 80cm
숨김 지퍼 … 56cm 1개
고리단추 … 1쌍

준비

- 앞뒤 안단에 접착심지를 붙인다.
- 목둘레에 늘어짐 방지 테이프를 붙인다.
- 몸판 이음선, 옆, 뒤 중심, 밑단, 소매 이음선, 소매 밑, 소맷부리, 안단 끝에 오버로크(또는 지그재그 박기).

만드는 법

1. 뒤 중심의 트임 끝에서 밑단까지 박는다(시접은 가른다. p.37 참조).
2. 숨김 지퍼를 단다(p.37 참조).
3. 앞뒤 이음선을 박는다(시접은 가른다. p.58 참조).
4. 옆을 박는다(시접은 가른다. p.38 참조).
5. 몸판 어깨, 안단 어깨와 옆을 박는다(시접은 가른다. p.38 참조).
6. 몸판과 안단을 겉끼리 맞대어 목둘레를 박아 뒤집고, 안단과 시접만 스티치로 누른다(p.39 참조).
7. 소매산에 턱을 접어 임시 고정한다. 소매산에 여유분 줄임 박기를 하고, 소맷부리를 다리미로 접는다. 소매 밑을 슬릿 끝까지 박고(시접은 가른다), 슬릿을 만든다(p.45 참조).
8. 소맷부리를 감침질한다(p.45 참조).
9. 소매를 단다(3장 함께 오버로크. 시접은 소매쪽으로 눕힌다. p.43 참조).
10. 밑단을 1번 접어 감침질한다(p.41 참조).
11. 안단을 지퍼에 감침질하고, 고리단추를 단다. 몸판 옆 시접에 안단 끝을 감침질한다(p.41 참조).

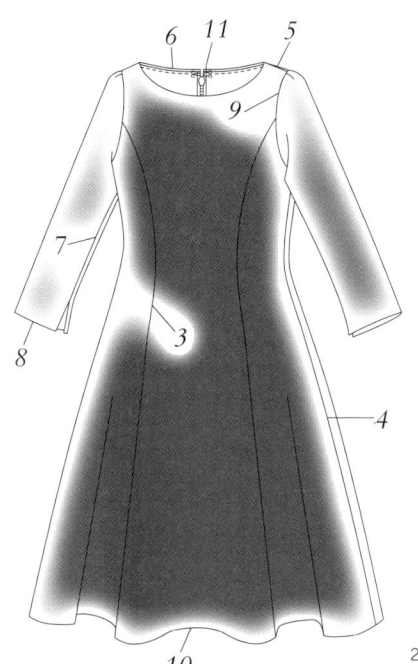

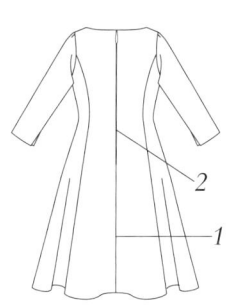

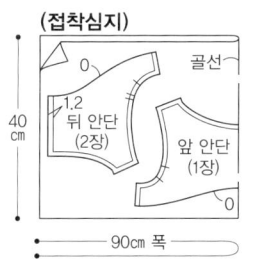

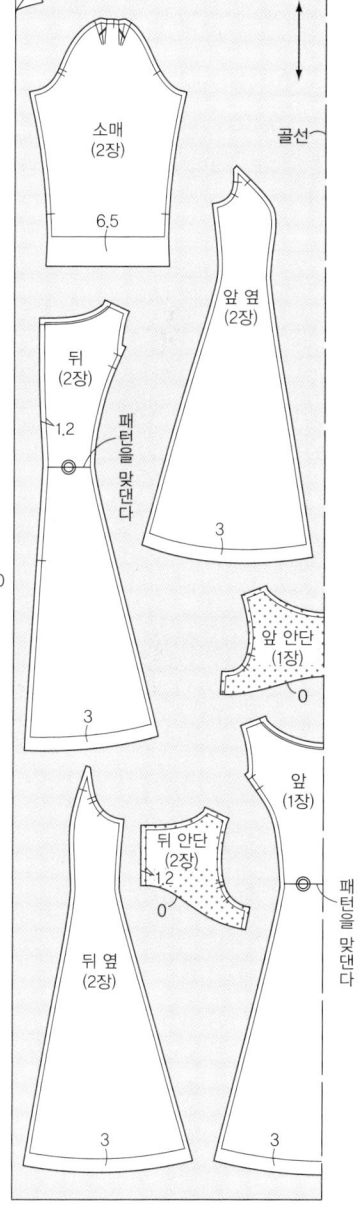

완성 치수					(단위는 cm)
사이즈	5호	7호	9호	11호	13호
가슴둘레	83	87	91	95	99
허리둘레	70	74	78	82	86
엉덩이둘레	137	141	145	149	153
소매길이(7부 길이)	45	45	47	47	49
옷 길이(무릎 길이)	90	90	94	94	98

Silhouette no.1

 A라인 안감 달기

재료

안감 … 90㎝ 폭
(무릎 길이) 1.7m, (세미 롱 길이) 1.9m

만드는 법

1 가슴 다트를 박는다(시접은 아래쪽으로 눕힌다).
2 옆을 박는다(2장 함께 오버로크. 시접은 뒤쪽으로 눕힌다).
3 뒤 중심의 트임 끝에서 아래쪽을 박는다(2장 함께 오버로크. 시접은 오른쪽 몸판 쪽으로 눕힌다).
4 2번 접어 밑단을 박는다.
5 안단 끝과 지퍼 주위를 촘촘히 감침질한다.
6 양옆 밑단에 실 고리를 단다.

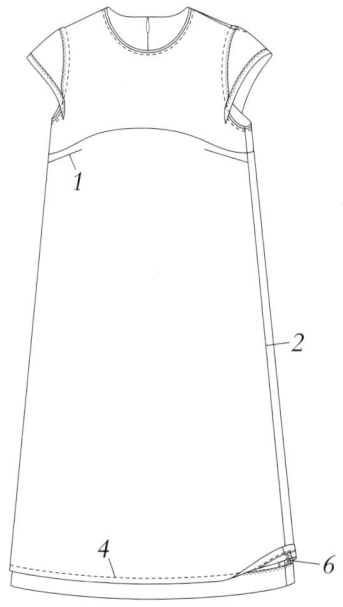

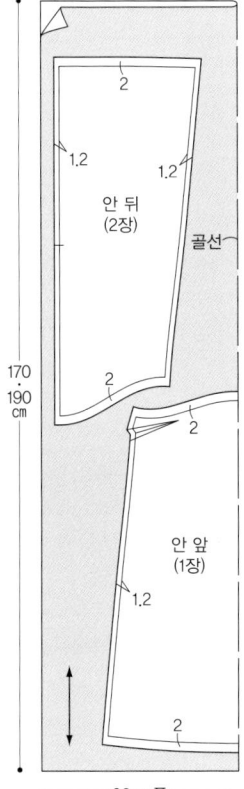

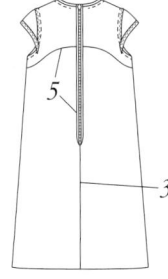

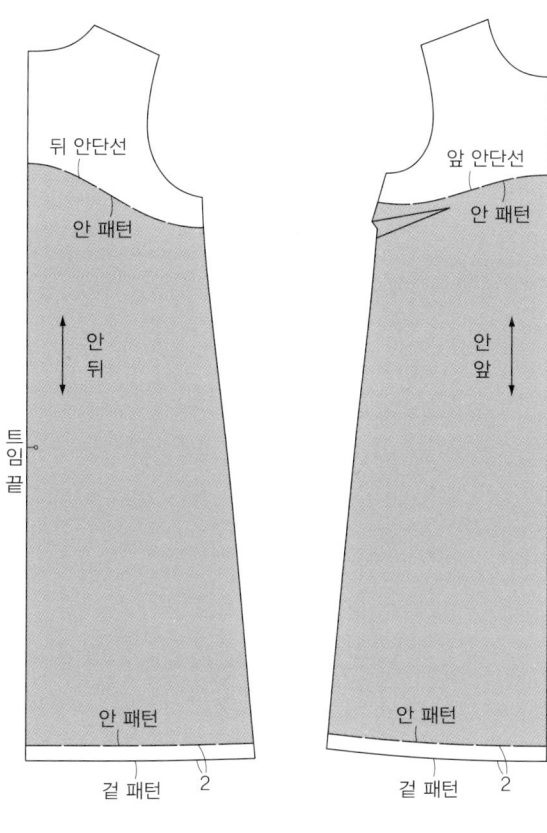

1, 2, 3, 4 가슴 다트를 박는다(시접은 아래쪽으로 눕힌다).
옆을 박는다(시접은 뒤쪽으로 눕힌다).
뒤 중심의 트임 끝에서 아래쪽을 박는다
(시접은 오른쪽 몸판 쪽으로 눕힌다).
2번 접어 밑단을 박는다.

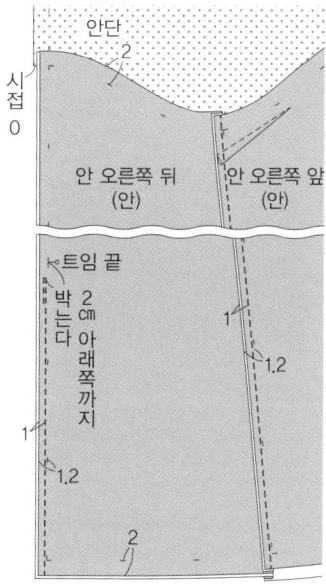

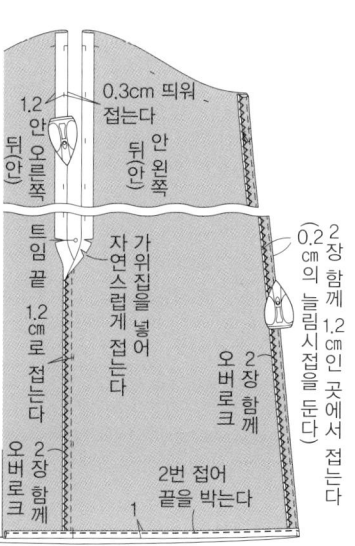

5 안단 끝과 지퍼 주위를 촘촘히 감침질한다.

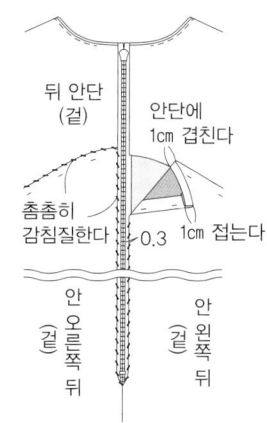

6 양옆 밑단에 실 고리를 단다.

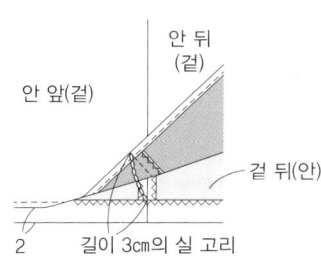

Silhouette no.2

I   I라인 안감 달기

재료

안감 … 90cm 폭
(무릎 아래 길이) 1.7m

만드는 법

1. 이음선을 박는다(2장 함께 오버로크. 시접은 옆쪽으로 눕힌다).
2. 옆을 박는다(2장 함께 오버로크. 시접은 뒤쪽으로 눕힌다. p.77 참조).
3. 벤트 부분을 준비한다.
4. 2번 접어 밑단을 박는다.
5. 뒤 중심의 트임 끝에서 벤트 끝까지 박는다(시접은 왼쪽 몸판 쪽으로 눕힌다).
6. 안단 끝과 지퍼 주위를 촘촘히 감침질한다(p.77 참조).
7. 벤트 주위를 감침질한다.
8. 양옆 밑단에 실 고리를 단다(p.77 참조).

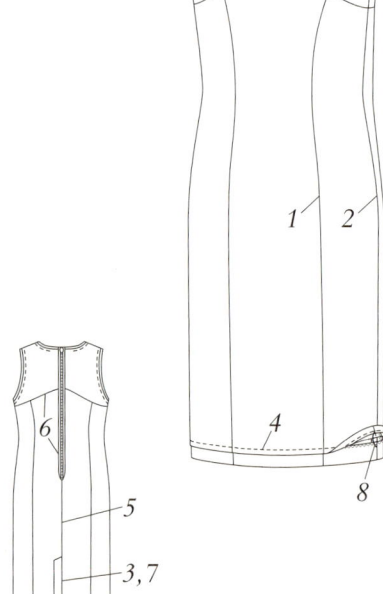
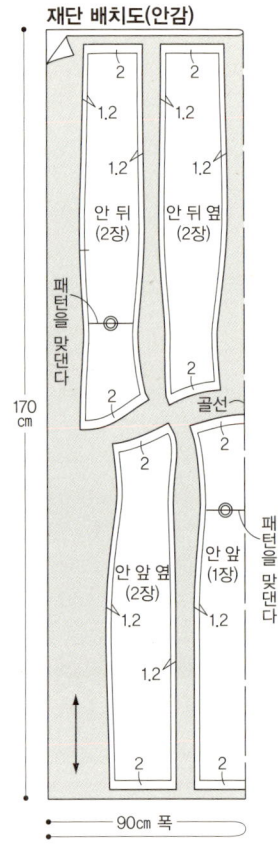

3 벤트 부분을 준비한다.

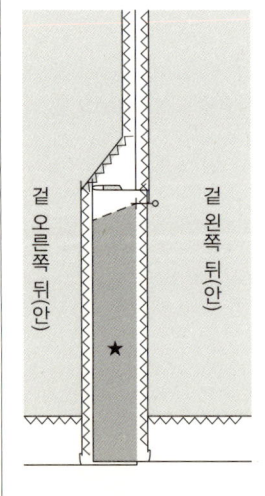
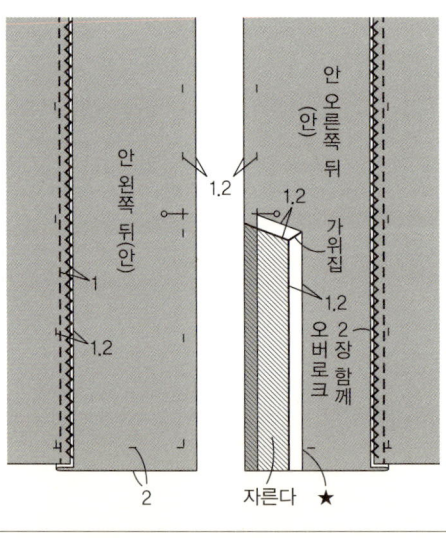
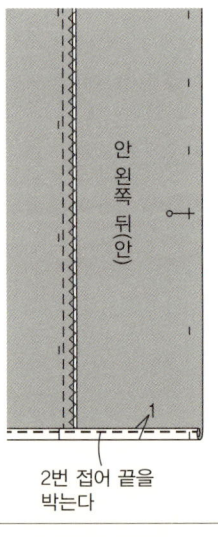

4 2번 접어 밑단을 박는다.

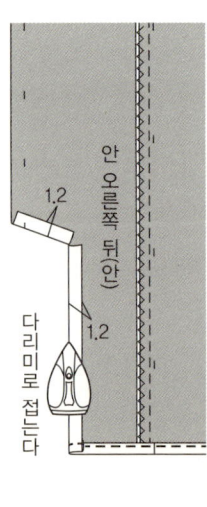

Silhouette no.3

X라인 안감 달기

재료

안감 … 90cm 폭
(무릎 길이) 2.7m, (미몰레 길이) 3.1m

만드는 법(p.77 참조)

1. 이음선을 박는다(2장 함께 오버로크. 시접은 옆쪽으로 눕힌다).
2. 옆을 박는다(2장 함께 오버로크. 시접은 뒤쪽으로 눕힌다).
3. 뒤 중심의 트임 끝에서 아래쪽을 박는다(2장 함께 오버로크. 시접은 오른쪽 몸판 쪽으로 눕힌다).
4. 2번 접어 밑단을 박는다.
5. 안단 끝과 지퍼 주위를 촘촘히 감침질한다.
6. 양옆 밑단에 실 고리를 단다.

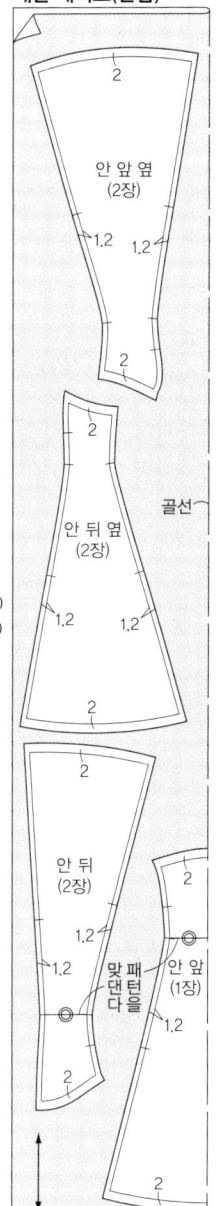

5. 뒤 중심의 트임 끝에서 벤트 끝까지 박는다
   (시접은 왼쪽 몸판 쪽으로 눕힌다).

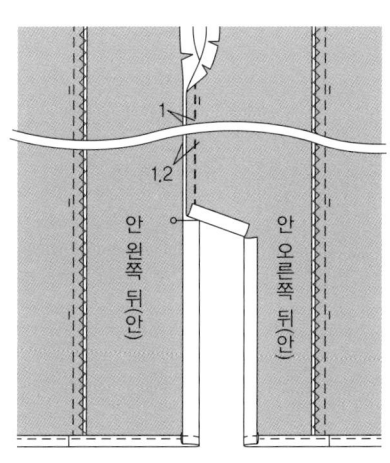

7. 벤트 주위를 감침질한다.

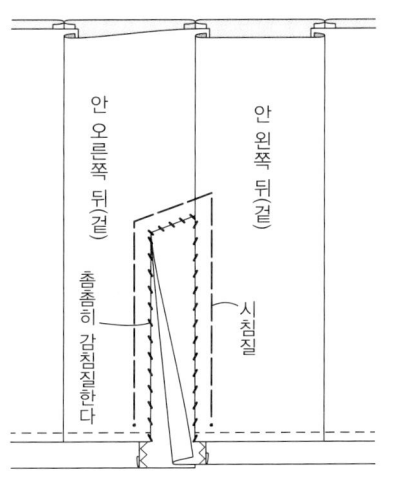

3-tsu no silhouette de tsukuru "eien" no one piece
Copyright ⓒ 2017 by Kei Suzuki
First published in japan in 2017 by EDUCATIONAL FOUNDATION BUNKA GAKUEN BUNKA PUBLISHING BUREAU, Tokyo
Korean translation rights arranged with EDUCATIONAL FOUNDATION BUNKA GAKUEN BUNKA PUBLISHING BUREAU
through Japan Foreign-Rights Centre/ Shinwon Agency Co.

이 책의 한국어판 저작권은 신원에이전시를 통한
EDUCATIONAL FOUNDATION BUNKA GAKUEN BUNKA PUBLISHING BUREAU와 독점 계약으로 도서출판 이아소에 있습니다.
저작권법에 의해 한국 내에서 보호받는 저작물이므로 무단 전재와 무단 복제를 금합니다.

일본어판 발행인 Sunao Onuma
북 디자인 Yoshio Sekiguchi(SALT*)
촬영 Daizaburo Nagashima
패턴 제작 Tomomi Yamaguchi
패턴 그레이딩 Kazuhiro Ueno
봉제 m & s
만드는 법 설명 Mutsuko Sukegawa
디지털 트레이스 Bunka Photo Type
교열 Masako Mukai
편집 Nobuko Hirayama(BUNKA PUBLISHING BUREAU)

3가지 실루엣 원피스

초판 1쇄 발행 2019년 10월 10일

지은이 스즈키 게이
옮긴이 황선영
감 수 문수연
펴낸이 명혜정
펴낸곳 도서출판 이아소
디자인 황경성
교 열 정수완

등록번호 제311-2004-00014호
등록일자 2004년 4월 22일
주소 04002 서울시 마포구 월드컵북로5나길 18 1012호
전화 (02)337-0446 **팩스** (02)337-0402

책값은 뒤표지에 있습니다.
ISBN 979-11-87113-38-6 13590

도서출판 이아소는 독자 여러분의 의견을 소중하게 생각합니다.
E-mail: iasobook@gmail.com

이 도서의 국립중앙도서관 출판예정도서목록(CIP)은 서지정보유통지원시스템 홈페이지
(http://seoji.nl.go.kr)와 국가자료공동목록시스템(http://www.nl.go.kr/kolisnet)에서
이용하실 수 있습니다. (CIP제어번호 : CIP2019035964)